W0227145

»Die Wissenschaften, die menschliches Handeln und Denken deuten und erklären wollen, müssen mit einer Beschreibung der Grundstrukturen der vorwissenschaftlichen [...] Wirklichkeit beginnen. Diese Wirklichkeit ist die alltägliche Lebenswelt.«

(Alfred Schütz, Thomas Luckmann)

»However we resolve the issue in our individual homes, the moral challenge is, put simply, to make work visible again.«

(Barbara Ehrenreich)

Inhalt

I. Einleitung

Dieses Buch ist als Sehhilfe gedacht; es soll den Blick schärfen für die vielen Frauen, die aus dem Ausland nach Deutschland kommen, um in unseren Haushalten zu arbeiten. Auch wenn man sie vielerorts bei uns antrifft, werden sie in der Öffentlichkeit kaum wahrgenommen. Sie verhalten sich auch selbst so unauffällig, dass es fast nahe liegt, den altmodisch-herablassenden Ausdruck »dienstbare Geister« für sie zu verwenden. Jedoch sind es keine Geister, die unsere Wohnungen sauber machen, sondern sehr unterschiedliche Personen mit jeweils individuellen, in vieler Hinsicht völlig verschiedenen Biographien. Welche Ähnlichkeit gibt es schon zwischen einer 45-jährigen Chemikerin mit Familie aus Warschau und einer alleinstehenden zwanzig Jahre jüngeren Näherin aus Guayaquil? Verbunden sind solche Frauen aus den unterschiedlichsten Ländern vor allem durch eine zentrale Gemeinsamkeit: Eines Tages haben sie ihre Heimat verlassen, und nun verdienen sie ihren Lebensunterhalt, indem sie deutsche Wohnungen putzen.

Auf die Dienstleistungen von ausländischen Haushaltshilfen greifen inzwischen sehr viele Haushalte zurück, vor allem, aber nicht nur, aus den mittleren und oberen sozialen Schichten – gut verdienende Berufstätige, ob in Single- oder Paarhaushalten, aber auch alte oder behinderte Menschen, Ein-Eltern-Familien sowie (seltener) Familienhaushalte mit beiden Eltern fragen die Arbeit dieser Frauen nach. Aber es spricht kaum jemand darüber – vielleicht wird das Thema Wohnungsputz als zu banal wahrgenommen, um mehr Aufmerksamkeit zu verdienen.

Die Arbeit dieser Frauen genießt kein hohes Ansehen, obwohl sie zu jenem Kernbereich gesellschaftlich notwendiger Arbeit gehört, auf den keine Gesellschaft verzichten kann. Das gilt für Hausarbeit generell, gleich von wem sie verrichtet wird. Und es ist nicht gerade wenig Arbeit, die es in den Haushalten zu erledigen gibt, deren Löwenanteil nach wie vor unbezahlt geleistet wird, überwiegend von Frauen für ihre Angehörigen. Aber für einen Teil wird auch bezahlt, auch wenn das in der Mehrzahl der Fälle nirgends offiziell registriert wird, da der Lohn von Putzfrauen typischerweise brutto für netto bar ausgezahlt wird. Auch das trägt dazu bei, dass die Arbeit von Haushaltshilfen, wie Hausarbeit generell, gesellschaftlich unsichtbar bleibt. Dennoch: Man kann die vielen ausländischen Haushaltshilfen durchaus sehen, wenn man sie sehen will, vor allem in den Metropolen. Wir begegnen diesen Frauen immer wieder im persönlichen Umfeld – zum Beispiel beim Treppenputzen im Miethaus oder bei der Versorgung unserer alten Eltern und Schwiegereltern, vielleicht auch bei der Arbeit in den eigenen vier Wänden.

Dieses Buch ist ein Versuch, nicht nur die Arbeit dieser Menschen sichtbar zu machen, sondern auch das Leben, das sie führen. Die ausländischen Putzfrauen interessieren mich nicht in erster Linie als Schwarzarbeiterinnen oder als »Illegale« (obwohl die Themen Schwarzarbeit und Illegalität im Folgenden notgedrungen auch eine Rolle spielen werden). Es wird auch nicht um Skandalfälle gehen, wie zum Beispiel um den Fall der 17-jährigen El Salvadorianerin, die vor einigen Jahren von einer Münchener Familie wie eine Sklavin gehalten wurde. Mir geht es um den unauffälligen »Normalfall« – um die vielen Frauen, die einige Male im Monat mehr oder weniger aufgeräumte Wohnungen in Deutschland aufsuchen, die sie nach einigen Stunden mehr oder weniger sauber geputzt verlassen.

Gezeigt werden soll, aus welchen persönlichen Motiven diese – nicht selten gut bis sehr gut ausgebildeten – Migrantinnen den privaten Haushalt in Deutschland als Arbeitsplatz für sich entdecken, mit welchen Erwartungen sie sich nach München oder Hamburg auf den Weg machen, wie sie es anstellen, für sich ein Arbeits- und Alltagsleben zwischen Deutschland und ihrem Heimatland einzurichten, wie es ihnen dabei ergehen kann und welche Konsequenzen eine solche Lebensführung hat – für sie selbst, aber auch für ihre Arbeitgeberinnen und Arbeitgeber.

Um das Leben der vielen Haushaltshilfen zu verstehen und sichtbar zu machen, ist auch die Nachfrageseite, die aus unserer eigenen Lebensführung folgt, in den Blick zu nehmen. Deshalb soll auch danach gefragt werden, warum ausgerechnet solche Frauen hierzulande so gern beschäftigt werden, welche alltäglichen Probleme sie bei uns zu lösen helfen und welche Erfahrungen deutsche Arbeitgeberinnen und Arbeitgeber machen, wenn sie einen Teil der Arbeit im Haushalt Frauen aus Osteuropa oder Lateinamerika gegen Bezahlung übertragen.

Hierzulande treffen im Alltag der privaten Haushalte qualitativ sehr unterschiedliche, aber in beiden Fällen strukturell bedingte Notlagen von verschiedenen Gruppen (vor allem, aber nicht nur von Frauen) in komplexer Weise aufeinander. Diese Notlagen sind die zwei Seiten einer Medaille, obwohl sie in der wissenschaftlichen wie in der politischen Diskussion bisher kaum zusammengedacht werden. Auf der einen Seite gibt es ein großes, potentiell weltweites Angebot von äußerst flexiblen ausländischen Frauen. Ihnen bleibt wegen der ökonomischen Probleme in ihren Heimatländern und der aktuellen staatlichen Migrationspolitik meist nur die Beschäftigung in Privathaushalten, wenn sie nach Deutschland kommen. Dieses Angebot trifft auf eine rege Nachfrage, da andere Ressourcen zur Verrichtung von Haus- und Familienarbeit in den letzten Jahrzehnten knapper geworden sind. Deshalb suchen einheimische Berufstätige, die es sich irgendwie leisten können (aber auch andere gesellschaftliche Gruppen wie etwa alte Menschen), jeweils individuell nach Entlastung bei der Haus- und Familienarbeit.

Die Übernahme von Hausarbeit und der alltäglichen Sorge für andere wird damit zu einer entscheidenden Trennlinie für neue gesellschaftliche Strukturen von Über- und Unterordnung, nicht nur zwischen den Geschlechtern, sondern zunehmend auch zwischen Frauen unterschiedlicher sozialer und nationaler Herkunft. Ungleichheitsstrukturen haben heute nicht mehr nur mit solchen »klassischen« Merkmalen wie Schichtzugehörigkeit, Einkommen oder Bildung zu tun. Entscheidend für Muster von gesellschaftlicher Ungleichheit heute sind auch Fragen wie: Was wird aus meiner Alltagsarbeit im Privaten? Wer kümmert sich darum, dass sie überhaupt verrichtet wird? Muss ich sie selbst verrichten, oder kann ich sie an jemanden – bezahlt oder unbezahlt – abgeben? Wer übernimmt davon wie viel? Und wie bekommt man diese Arbeit mit dem Rest des Lebens unter einen Hut?

Frauen sind, trotz aller Unterschiede, weltweit nach wie vor durch eine zentrale Gemeinsamkeit verbunden: Die Arbeit im Haushalt gilt noch immer als weiblich. Eine wie auch immer geartete konkrete, im Alltag praktikable Lösung für ihre Verrichtung bleibt deshalb so gut wie unverändert meist die Zuständigkeit von Frauen, ob als Familienfrauen oder berufstätige Managerinnen des Alltags, ob als Mütter und Großmütter kleiner Kinder oder Töchter und Schwiegertöchter alter Eltern, als Freundinnen und Nachbarinnen, bezahlt oder unbezahlt. Alltagsarbeit ist ein zentrales Thema im Leben so gut wie aller Frauen, zumindest in bestimmten biographischen Phasen, wenn auch ein Thema, das die unterschiedlichen Frauen sehr unterschiedlich betrifft. Wie Perlen auf einer Kette reihen sich größere und kleinere Kooperationsbeziehungen und Abhängigkeiten nicht ausschließlich, aber vor allem zwischen Frauen aneinander, lokale und transnationale, die inzwischen manchmal den halben Globus umfassen.

Zum Thema von Männern wird Alltagsarbeit auf eine andere Weise. Das Bild wäre nicht vollständig ohne einen Blick auf die Alltagsvergessenheit von Männern in der Politik wie in den privaten Beziehungen, die noch immer weit verbreitet ist. Gab es da nicht einmal intensive gesellschaftliche Bemühungen, Haus- und Familienarbeit zwischen Frauen und Männern neu zu verteilen, von den privaten Konflikten in den Beziehungen angefangen bis zur Neugestaltung der Lehrpläne und Schulbücher? Wie es konnte es dann passieren, dass die Beschäftigung von bezahlten Haushaltshilfen inzwischen auch in den gesellschaftlichen Gruppen üblich ist, die einmal mit der feministischen Parole »das Private ist politisch« eine radikal andere Arbeitsteilung zwischen den Geschlechtern auf ihre politische wie private Tagesordnung gesetzt haben? Es wird zu zeigen sein, dass die wesentlichen Ursachen hierfür nicht (nur) in der Veränderungsresistenz der Männer oder in den privaten Beziehungen selbst zu suchen sind. Sie sind eingelassen in die Tiefenstruktur unserer Gesellschaft.

Ausgangspunkt dieses Buches sind aber die ausländischen Frauen selbst, die in den deutschen Haushalten arbeiten. Es sind sehr unterschiedliche Menschen mit ebensolchen Biographien – Frauen wie Maria Nowak oder Celina Gonzales. Frauen wie sie gibt es in den deutschen Metropolen inzwischen in großer Zahl, und jede hätte eine eigene Geschichte zu erzählen. Deshalb sollen die folgenden Überlegungen mit zwei solcher Schilderungen beginnen.

Zwei Putzfrauen in Deutschland, die für viele stehen

Die polnische Münchnerin Maria Nowak[1]

Maria Nowak ist inzwischen 50 Jahre alt; sie pendelt zwischen ihrer Heimatstadt in Südpolen und München seit nunmehr zwölf Jahren. Vor der Wende hat sie als Verwaltungsangestellte bei einer polnischen Behörde gearbeitet und beschloss nach längerer Arbeitslosigkeit, als ihr Mann ebenfalls arbeitslos wurde, sich als Putzfrau in Deutschland durchzuschlagen. Ihre Wahl fiel auf München, weil ihr eine Freundin, die bereits dort putzte, beim Einstieg behilflich war. Von ihr bekam sie die Adresse eines von illegalen Migranten bewohnten leerstehenden Hauses in einer aufgelassenen Kaserne der amerikanischen Armee, die Dutzenden von Illegalen Anfang der 1990er Jahre als Schlafstätte diente. Diese Freundin vermittelte ihr auch die ersten Stellen nach einer Methode, die verbreitet zu sein scheint: Die Freundin bemühte sich für eine kurze Zeit, mehr Jobs anzunehmen, als sie eigentlich bewältigen konnte, um dann einigen Arbeitgebern zu sagen, sie könne bei ihnen nicht weiterarbeiten, hätte aber eine Freundin, eben Frau Nowak, die ihren Platz einnehmen könne.

Nach zwölf Jahren hat sich Maria Nowaks Lebensführung zwischen Polen und München ebenso wie ihre Arbeitssituation stabilisiert. Frau Nowak spricht inzwischen gut Deutsch, und Arbeit zu bekommen ist in München für sie trotz des Konjunktureinbruchs der letzten Jahre meist nicht schwer. Sie ist eine tüchtige und gute Arbeitskraft und kann sich ihre Jobs deshalb aussuchen; sie arbeitet immer wieder mit einer Warteliste von potentiellen Arbeitgeberinnen, die darauf hoffen, dass Frau Nowak bald auch für sie Zeit hat. Problematisch war zunächst die Wohnsituation, aber dann bekam sie in einem Hotel, in dem sie an den Wochenenden und abends als Küchenhilfe und als Zimmermädchen gearbeitet hat, jahrelang ein vergleichsweise komfortables Zimmer zur Verfügung gestellt. An den Wochentagen putzt sie für einen festen Kunden-

---

1 Alle Namen und einige Details in diesen und allen weiteren geschilderten Fällen wurden geändert, um die Anonymität der Frauen zu gewährleisten.

stamm, erhält in der Regel um die 10 Euro pro Stunde netto plus Fahrgeld und hat für sich einen arbeitsreichen, aber routinierten Alltag etabliert. Ihre Kunden sind in der ganzen Stadt verteilt, darunter alleinstehende ältere Leute, berufstätige wohlsituierte Ehepaare, eine alleinerziehende Mutter und neuerdings sogar eine studentische Wohngemeinschaft. Frau Nowak wird auch um Hilfe bei anderen Aufgaben gebeten, etwa wenn es eine Familienfeier auszurichten gilt.

Ungefähr alle vier Wochen fährt sie für sieben bis zehn Tage »nach Hause«, wie sie sagt, denn Polen ist für sie noch immer das Zuhause, obwohl sie den größten Teil ihrer Zeit seit zwölf Jahren in München verbringt. In Polen hat sie zwei Kinder, inzwischen 17 und 21 Jahre alt, und wenn sie nach Hause kommt, geht es weiter mit der Hausarbeit – sie kocht vor und macht Großputz in der eigenen Wohnung. Frau Nowak benutzt für ihre Fahrten meist den Fahrdienst der illegalen Polen ihrer Heimatstadt, der quasi wie ein Linienbus organisiert ist und mehrmals pro Woche immer zur selben Zeit von einem bestimmten Platz in München abfährt.

Gäbe es nicht einige unvorhergesehene Probleme, wäre Maria Nowak mit dieser Lebensweise zufrieden, denn durch das langjährige Pendeln ist es ihr gelungen, ihrer Familie einen überdurchschnittlichen Lebensstandard zu ermöglichen. Jedoch wurde die dadurch veränderte Machtbalance in ihrer Ehe zu einer großen Belastung. Ihr arbeitsloser Mann begann zu trinken und hat sich nicht so um die Kinder gekümmert, wie Frau Nowak das für nötig hielt. Als er schließlich den von ihr mühsam zusammengesparten Wagen in volltrunkenem Zustand zu Schrott gefahren hat, warf sie ihn aus der Wohnung und beschäftigte einige Zeit selbst eine Haushaltshilfe gegen Bezahlung – eine Rentnerin, die in ihrer Abwesenheit in ihrer Wohnung gewohnt und ihre Kinder versorgt hat. Danach folgte eine Phase, in der sie mit erheblichen Problemen zu kämpfen hatte, da die Tochter den Vater sehr vermisst hat und der Mutter das Scheitern der Ehe vorwarf, während ihr Sohn sich von der Rentnerin nichts sagen ließ, die Schule vernachlässigte und nächtelang durch die Diskotheken zog. Frau Nowak wollte während dieser Phase deshalb dringend wieder ganz nach Polen zurück, im Gegensatz zu den ersten Jahres ihres Pendelns. Aber mit zunehmendem Alter schätzt sie, dass ihre Chancen auf einen Arbeitsplatz in Polen gegen null gehen.

Inzwischen hat sich die Familiensituation etwas beruhigt. Ihr Mann hat zu trinken aufgehört, hat Arbeit gefunden und ist wieder zur Familie zurückgekehrt; die Kinder sind größer und selbständiger geworden, und Frau Nowak konnte die Rentnerin entlassen. Jedoch hat Maria Nowak nach zwölf Jahren Putztätigkeit Probleme mit ihren Krampfadern; sie bräuchte dringend eine Operation, die sie immer wieder verschiebt, weil sie nicht weiß, wie sie die im Anschluss notwendige drei- bis sechsmonatige körperliche Schonzeit ohne Ersparnisse bewerkstelligen soll.

Die Rentnerin, die Frau Nowaks Abwesenheit auffangen sollte, ist ein Teil der von Arlie Russell Hochschild als *global care chain*[2] beschriebenen weltweiten Abhängigkeit von Frauen untereinander. Frauen versorgen Familien von Frauen, die migrieren, um die Familien von Frauen zu versorgen, die berufsbedingt nicht zu Hause sein können oder wollen. In Polen hat das Phänomen der massenhaften Migration von Haushaltsarbeiterinnen eine neue Erscheinung nach sich gezogen: Frauen aus der Ukraine pendeln seit einiger Zeit nach Polen, um in jenen Fällen gegen Bezahlung einzuspringen, wo die Versorgung der zurückgebliebenen polnischen Kinder und Alten nicht vom Verwandtschaftsnetzwerk aufgefangen werden kann. Die Frage bleibt, wer nun die Familien der Ukrainerinnen zu Hause versorgt. Aus wie vielen Gliedern würde die Kette wohl bestehen, würde man sie von der Ukraine aus weiterverfolgen?

Maria Nowaks Geschichte steht stellvertretend für einen Typus von Lebensführung, der mir vor allem bei älteren Frauen begegnet ist: Frauen, für die das Putzen den Löwenanteil ihrer Erwerbsarbeit ausmacht. Sie haben sich mehr oder minder damit abgefunden, dass die Arbeit im Haushalt ihre berufliche »Endstation« sein wird, solange sie diese Arbeit körperlich irgendwie bewältigen können.

Jüngere Frauen wie Celina Gonzales betrachten das Putzen gegen Bezahlung dagegen selten als eine langfristige Beschäftigungsperspektive.

---

2 Siehe Arlie Russell Hochschild, Love and Gold, in: Barbara Ehrenreich/Arlie Russell Hochschild (Hg.), Global Woman. Nannies, Maids, and Sex Workers in the New Economy, New York 2002.

Sie sehen ihre Arbeit viel häufiger als Übergangstätigkeit oder als Teil einer umfassenden Existenzsicherungsstrategie, die verschiedene Arbeiten umfassen kann.

Die ecuadorianische Hamburgerin Celina Gonzales

Frau Gonzales war zum Zeitpunkt unseres Erstkontakts im Dezember 2001 27 Jahre alt und gut ein Jahr zuvor nach Hamburg gekommen. Sie hatte damals vier Töchter im Alter von neun Jahren bis sechs Monaten, die drei älteren Mädchen lebten bei ihren Eltern in ihrer Heimatstadt in Ecuador, wo sie vor der Migration im Büro gearbeitet hat, das jüngste Kind lebt bei ihr in Deutschland. Sie berichtet, sie habe sich schon lange mit der Frage der Migration befasst, vor allem weil ihre Ehe unglücklich gewesen sei. Ihre jüngere Schwester, die seit längerem als illegale Migrantin ein gutes Einkommen als transsexuelle Prostituierte in Hamburg hat, bestärkte sie in ihrem Vorhaben.

Als Celina Gonzales eines Tages entdeckt, dass sie von ihrem Liebhaber schwanger ist, bekommt sie panische Angst vor der Reaktion ihres Ehemannes (»Ich bin sicher, er hätte mich umgebracht«, sagt sie) und beschließt, ihrer Schwester nach Deutschland zu folgen. Sie leiht sich von ihr Geld für das Ticket und setzt sich, im zweiten Monat schwanger, kurz entschlossen ins nächste Flugzeug nach Hamburg. Ihre Schwester nimmt sie in ihrer kleinen Zwei-Zimmer-Wohnung in einem großen Mietshaus in St. Pauli auf, ein Zuhause, das sie mit weiteren sieben illegalen Migrantinnen aus Ecuador teilt. An nächsten Tag wird die Schwester bei einer Routinekontrolle der Polizei auf dem Strich aufgegriffen und verhaftet; sie ist zunächst einige Zeit im Gefängnis und wird dann abgeschoben. Celina Gonzales steht an ihrem zweiten Tag in Deutschland vor dem Problem, sich allein, ohne Geld, ohne jede Orientierungshilfe und ohne deutsche Sprachkenntnisse ein neues Leben in Hamburg aufzubauen. Zu meiner Überraschung schildert sie diese Situation als eher unproblematisch, denn es ist für die anderen, ihr bis dann unbekannten Mitbewohnerinnen in der Wohnung selbstverständlich, Frau Gonzales nicht nur weiterhin dort wohnen zu lassen, sondern ihr insgesamt zur Seite zu stehen. Mit Hilfe dieses Netzwerks hat Frau Gonzales innerhalb kurzer Zeit verschiedene Arbeitsmöglichkeiten. Sie arbeitet zunächst in einer Bar in St. Pauli als Sexarbeiterin, kurz darauf beginnt sie tagsüber für eine Reinigungsfirma zu bügeln. Außerdem geht sie zweimal in der Woche zum Putzen, in beiden Fällen in die Haushalte alleinlebender alter Frauen. Mit fortschreitender Schwangerschaft und vor allem nach der Geburt ihrer Tochter sind diese Tätigkeiten bis auf das Putzen zu anstrengend beziehungsweise nicht mehr machbar, so dass Frau Gonzales sich etwas Neues einfallen lassen muss. Sie wird zur Hausangestellten der anderen Mitbewohnerinnen und erledigt gegen Bezahlung das Putzen, Einkaufen, Kochen und Waschen für alle. Gleichzeitig betreibt sie einen informellen ecuadorianischen Essensdienst. Gegen Voranmeldung kann man zu Frau Gonzales in die Wohnung zum Essen kommen und erhält für 7,50 Euro Suppe, Hauptspeise und ein Getränk. Mehr Geld verdient sie damit, dass sie die ecuadorianischen Sexarbeiterinnen abends in den Bars rund um Reeperbahn und Große Freiheit mit vorbestelltem Essen versorgt. Auf diese Weise kann Celina Gonzales Erwerbs- und Familienarbeit vereinbaren, denn sie kann ihre kleine Tochter zu ihren Putzstellen mitnehmen, und abends wird das Baby von den Mitbewohnerinnen beaufsichtigt.

Frau Gonzales plant, demnächst nach Ecuador zu fahren, um ihre drei anderen Kinder zu sehen, rechnet aber auch immer damit, als Illegale aufgegriffen und abgeschoben zu werden. Hier lernte ich erstmals den »anderen« Stellenwert kennen, den die Abschiebung zumindest bei einigen Illegalen auch haben kann: Frau Gonzales' Schwester schilderte ihre Abschiebung als den Heimaturlaub, den sie ohnehin irgendwann machen wollte; bald danach war sie wieder am gewohnten Standort auf dem Straßenstrich in St. Pauli.[3] Gleichzeitig erwägt Frau Gonzales, eventuell nach Spanien umzusiedeln, wo der Vater ihres jüngsten Kindes ebenfalls als illegaler Migrant lebt. Zum Zeitpunkt unseres ersten Kontakts bezeichnet sie ihre ökonomische Situation als mittlerweile so stabil, dass sie keine schnelle Veränderung wünscht; bei unserem zweiten Kontakt einige Wochen danach berichtet sie jedoch von erheblich veränderten Bedingungen: Der Markt für ihren Essensdienst sei seit der Einfüh-

---

3 Heute wäre das vermutlich anders, denn inzwischen brauchen Ecuadorianer in Deutschland ein Visum, was die Ein- und Ausreise erheblich erschwert.

rung des Euro ziemlich eingebrochen, und die Polizei habe die Kontrollen in den Bars verstärkt. Hinzu komme, dass der Vater ihrer kleinen Tochter über Weihnachten zu Besuch in Hamburg gewesen sei und sehr darauf gedrängt habe, dass sie ihm nach Spanien folgt.

Die Entscheidung, nach Deutschland zu kommen, muss, wie Celina Gonzales' Geschichte zeigt, nicht identisch sein mit dem Vorhaben, dauerhaft hier als Putzfrau zu arbeiten. Frau Gonzales sagt ganz offen, dass sie jede Arbeit verrichtet, die gutes Geld bringt, und äußert auf Nachfrage keine Präferenz für die eine oder andere Tätigkeit. Eine weitere unter illegalen Putzfrauen häufig gewählte Strategie zur Stabilisierung der Lebenssituation kann sie dagegen nicht verfolgen, da sie noch immer mit dem ungeliebten Mann in Ecuador verheiratet ist – die Suche nach einer Heiratsmöglichkeit mit einem Deutschen beziehungsweise einem EU-Bürger. »Was willst du als illegale Frau hier in Deutschland machen?«, sagt die Sozialarbeiterin in St. Pauli, über die mein Kontakt zu Frau Gonzales zustande kam. »Du hast genau drei Möglichkeiten: auf den Strich gehen, putzen oder einen Deutschen heiraten.«[4]

Diese Sozialarbeiterin berichtete mir im August 2004, dass Celina Gonzales zum fünften Mal Mutter geworden und vor kurzem tatsächlich nach Spanien zum Vater ihrer beiden jüngsten Kinder umgesiedelt ist, wo sie versucht, ihren Aufenthaltsstatus zu legalisieren, um danach wieder nach Deutschland zurückzukehren.

---

4 Zunächst habe ich eine solche Verbindung von Putzen und Sexarbeit eher für eine Ausnahmeerscheinung gehalten, inzwischen jedoch mit einigen in diesem Milieu vertrauten Sozialarbeiterinnen gesprochen, die das für nicht ungewöhnlich hielten, und in einer Studie aus Zürich, in der zwanzig »illegale« Putzfrauen aus aller Welt befragt wurden, haben acht der Befragten Prostitution und Putzen als Einkommensquelle mit Babysitten kombiniert (vgl. Netzwerk Solidarität mit illegalisierten Frauen: Illegal unentbehrlich. Hausangestellte ohne gültige Aufenthaltsbewilligung in der Region Zürich, Zürich 2002). Ob das auch für Deutschland zutrifft, ist eine Frage für künftige empirische Forschung.

Dieses Buch speist sich aus vielen Quellen

Die Eindrücke und Informationen in diesem Band wurden im Lauf von über 15 Jahren aus sehr unterschiedlichen Quellen zusammengetragen. Ende der 1980er Jahre habe ich begonnen, mich für alltägliche Hilfssysteme von Familien zu interessieren. Im Zentrum einer großangelegten Studie über alltägliche Lebensführung, an der ich mitgewirkt habe, ging es um die Frage, wie Menschen unterschiedlicher sozialer Herkunft es anstellen, all das, was sie tagtäglich zu tun haben – zum Beispiel Berufsarbeit, Hausarbeit, Freizeit, ehrenamtliche Arbeit u.a.m. – unter einen Hut zu bekommen. Eine eher nachgeordnete Frage war, ob und wie sich Muster von Arbeitsteilung zwischen Frauen und Männern im Alltag verändern, wenn beide Partner in einer Familie ihrem Beruf nachgehen. Auch in dieser Untersuchung bestätigte sich der aus anderen Studien bekannte Befund, dass sich in deutschen Familien zwischen Frauen und Männern selbst dann nicht allzu viel an Haus- und Familienarbeit umverteilt, wenn beide Eltern berufstätig sind.[5]

Allerdings bleibt auch nicht alles beim Alten. Denn wir fanden, dass sich dann typischerweise die Arbeitsteilung zwischen Frauen verändert. Berufstätige Mütter werden, je nach sozialer Schicht, finanziellen Möglichkeiten und konkreten Lebensumständen in unterschiedlichen Konstellationen, unterstützt von Großmüttern und Tanten, Tagesmüttern und Kinderfrauen, netten Nachbarinnen und Müttern aus den selbstgeknüpften Netzwerken, beispielsweise aus dem Kindergarten ihrer Kinder, sowie von bezahlten Kräften, die Teile der Hausarbeit im engeren Sinn übernehmen. Oft fanden wir (besonders in Westdeutschland) sogar ganze Gruppen von Frauen, die zusammenwirken, damit der Alltag einer Familie reibungslos läuft und weiterläuft. Wie in den meisten Forschungsprojekten entstehen aus empirischen Befunden neue Forschungsfragen, und die Suche danach, wie diese Hilfsnetzwerke im Einzelnen

---

5 Es handelte sich um eine Untersuchung am Sonderforschungsbereich 333 der Universität München (»Entwicklungsperspektiven von Arbeit«), an der u.a. Luise Behringer, Wolfgang Dunkel, Karin Jurcyzk, Werner Kudera, Günter Voß und ich unter der Leitung von Karl Martin Bolte mitgewirkt haben, vgl. hierzu www.lebensfuehrung-im-wandel.de (Daten aus dem Jahr 2006).

funktionieren, stand seitdem für mich auf der wissenschaftlichen Tagesordnung. Die Beobachtung der familialen Hilfsnetzwerke ließ mich in den folgenden Jahren auch sonst nicht mehr los, denn dies waren auch die Jahre, in denen solche Netzwerke in meinem privaten Umfeld eine große Rolle spielten. Und so hatte ich in dieser Zeit vielfach Gelegenheit zur intensiven informellen teilnehmenden Beobachtung.

Keine meiner Freundinnen – überwiegend hochqualifizierte städtische Frauen, alle beruflich sehr engagiert –, die ihre Kinder großzogen, kam ohne ein mehr oder minder großes Hilfsnetzwerk für die Haus- und Familienarbeit aus, in das auch ich gelegentlich eingespannt wurde. In vielen Fällen war die Hauptstütze ihres Alltags aber mindestens eine bezahlte Kraft. In den Haushalten meiner Freundinnen lernte ich neben älteren deutschen Frauen, die vor allem als Kinderbetreuerinnen tätig waren, Haushaltshilfen aus aller Welt kennen – sie kamen aus Chile und Kroatien, aus Serbien und Singapur, aus der Ukraine und auch aus meinem Heimatland Ungarn.

Für mich selbst stand in dieser Zeit vor allem die Altenversorgung an, und auch in diesem Kontext lernte ich eine Reihe von ausländischen Haushaltshilfen kennen. Zuerst wurde meine Großmutter so gebrechlich, dass ein Netzwerk für ihre Versorgung aufgebaut werden musste, zunächst noch im Haushalt meiner Mutter, später im Altenheim. Bis zu ihrem Tod arbeitete nicht nur die Verwandtschaft mit den Altenpflegerinnen im Heim zusammen, es gab auch eine Reihe von schwarzarbeitenden ungarischen Frauen (manche legal als deutschstämmige Spätaussiedlerinnen zugewandert, manche illegal in Deutschland), die zusätzlich zum Engagement der Angehörigen mehrmals in der Woche gegen Bezahlung für einige Stunden ins Altenheim gingen, um bei meiner Großmutter nach dem Rechten zu sehen, sie zum Essen und zum Trinken zu animieren, ihr Gesellschaft zu leisten und mit ihr spazieren zu gehen. Parallel dazu galt es, auch meiner vergleichsweise rüstigen Schwiegermutter, die allein im eigenen Haushalt lebte, zu einem Hilfsnetzwerk zu verhelfen. Ihre Wohnung wurde von der städtischen Wohnungsanpassungsstelle altengerecht umgebaut, »Essen auf Rädern« brachte das Mittagessen, vom Malteser Hilfsdienst stammte ihr Piepser für Notfälle, und später kam regelmäßig eine Schwester von einem ambulanten Pflegedienst, um ihr beim Baden zu helfen. Das war alles überaus entlastend, aber dennoch blieb nicht wenig zu tun für die Angehörigen – die Begleitung zu diversen Ärzten, die Fahrten zum Friedhof, zum Einkaufen in die Stadt und zum Friseur, der obligate Großputz, inklusive Waschen der Vorhänge vor Ostern und Weihnachten, die Krisenintervention bei nächtlichen Stürzen und plötzlichen Erkrankungen u.a.m. Nur wer selbst einmal Teil eines solchen Versorgungsnetzwerks war, weiß, wie viel im Einzelnen anfällt und wie viel Zeit und Organisation es kostet, wenn man eine alte Person nicht nur mit dem Nötigsten versehen, sondern ihr auch ein möglichst gutes Leben ermöglichen will.

Im Gegensatz zu meiner wohlhabend aufgewachsenen Großmutter, für die es als junge Frau in Ungarn die Regel war, Hauspersonal zu beschäftigen, war es für meine Schwiegermutter lange schwierig, bezahlte Hilfe im Haushalt in Anspruch zu nehmen. So etwas hatte sich für sie, aus einer Münchener Arbeiterfamilie stammend, im Rahmen der verwandtschaftlichen Hilfe auf Gegenseitigkeit abzuspielen. Aber ihre beruflich eingespannten Kinder hatten keine Zeit, zusätzlich zu den hausarbeiterischen Sonderaktionen und den wöchentlichen Fahrdiensten auch noch für den Routine-Hausputz zu sorgen. Deshalb kam auch zu meiner Schwiegermutter, die es alles andere als selbstverständlich fand, sich von einem wildfremden Menschen bei der Hausarbeit helfen zu lassen, irgendwann die schwarz arbeitende Brasilianerin Luiza einmal in der Woche, um die Wohnung sauber zu machen.

Auch in meinem eigenen Haushalt arbeiteten ab Anfang der 1990er Jahre Frauen aus den verschiedensten Ländern gegen Bezahlung, obwohl ich zu jener Generation von Frauen gehöre, die Hausarbeit einmal ganz anders verteilen wollte. Als Studentin war ich in den 1970er Jahren, von der Neuen Frauenbewegung beeinflusst, in meiner Wohngemeinschaft noch in den Kampf gezogen, um die Gleichverteilung der Hausarbeit durchzusetzen. Aus eigener Erfahrung kenne ich Putzpläne mitsamt den Auseinandersetzungen über geschlechtsspezifisch unterschiedliche Sauberkeitsstandards im WG-Plenum. Zwanzig Jahre später wohnte ich allerdings längst nicht mehr in einem »mal eben schnell durchgesaugten« Zimmer in der Wohngemeinschaft, sondern in einer großzügigen Altbauwohnung mit Parkettfußboden und zehn Sprossen-Doppelfenstern. Noch dazu pendelte mein Mann unter der Woche in eine andere Stadt, und wir sahen uns nur an den Wochenenden, wenn nicht einer von uns beiden auch dann zu irgendwelchen beruflichen Terminen unterwegs sein musste. Sollten wir unsere knappe freie Zeit mit Putzen verbringen? Wir arbeiteten ohnehin schon mehr, als uns gut tat, außerdem kümmerten wir uns auch noch um Großmutter und Schwiegermutter, und ausreichend Geld hatten wir inzwischen auch. Und so fragten auch wir (wie übrigens fast alle meiner ehemaligen WG-Mitbewohner) ab einem bestimmten Zeitpunkt regelmäßig die Dienstleistungen von Putzfrauen nach. Es waren Junge und Alte darunter, einige, die nur wenige Wochen blieben, und andere, die sich erst nach mehreren Jahren verabschiedeten, um als Rentnerinnen in die Heimat zurückzukehren. Einmal arbeitete auch eine ältere deutsche Frau für uns, aber alle anderen Putzfrauen kamen aus dem Ausland – im Laufe der Jahre putzten Frauen aus Griechenland, Bosnien, Kroatien, Ungarn und Polen unsere Wohnung.

Mitte der 1990er Jahre nahm ich meine Recherchen über familiale Hilfsnetzwerke wieder systematischer auf, und im Zuge von Lehrforschungsprojekten mit Studierenden fand ich komplexe Konstellationen, in denen teils erstaunlich viele Personen zusammenarbeiten, um den Alltag einer einzigen Familie am Laufen zu halten. In dieser Zeit rückte auch das Phänomen der geographischen Mobilität im Zusammenhang mit familialen Hilfsdiensten erstmals in mein Blickfeld, zunächst mit der vielfachen Entdeckung der »mobilen Großmutter«, die, wenn Not am Mann ist (zum Beispiel bei der Erkrankung eines Kindes), über viele Kilometer angereist kommt, damit der Alltag einer jungen Familie nicht aus dem Ruder läuft. Mobilität im Zusammenhang mit Hausarbeit wurde aber auch deshalb stärker Thema, weil sich durch den Fall der Mauer auch auf der Angebotsseite des Arbeitsmarkts Privathaushalt inzwischen Wesentliches geändert hatte. Immer öfter gab es Berichte über Pendlerinnen aus Osteuropa, die mit einem Touristenvisum in einem bestimmten Turnus nach Deutschland einreisten, um hier für einige Zeit als häusliche Beschäftigte zu arbeiten. Viele von ihnen organisierten ihre Tätigkeit dabei in ungewöhnlichen und phantasievollen sozialen Konstellationen, und sie entwickelten eine Lebensführung, in der sich Berufsarbeit und Familienarbeit in mir bisher unbekannten Mustern verschränkten (auf solche Modelle, die in der Fachliteratur unter dem Stichwort »polnische Cousine« diskutiert werden, komme ich im V. Kapitel zurück).

Unübersehbar wurde dabei auch, wie sehr sich das Phänomen des illegalen Aufenthalts immer stärker mit dem Phänomen der bezahlten Haushaltsarbeit verquickte. Jeder weiß, dass im privaten Haushalt Schwarzarbeit die übliche Beschäftigungsform ist. Deshalb gibt es in Deutschland seit etwa Mitte der 1990er Jahre eine politische Diskussion über die Frage, wie diese Schwarzarbeit in legale Beschäftigungsverhältnisse transformiert werden könnte, zum Beispiel im Rahmen von Dienstleistungsagenturen oder durch die sogenannten Mini-Jobs. Weniger offensichtlich und in der öffentlichen Diskussion deshalb immer wieder übersehen wird aber, dass viele der häuslichen Beschäftigten aufgrund ihres Aufenthaltsstatus in Deutschland gar keine Möglichkeit haben, aus der Schwarzarbeit herauszutreten. Sie waren und sind nicht legal zu beschäftigen, zum Beispiel weil sie offiziell nur als Touristinnen im Land sind oder sich sogar ganz illegal hier aufhalten. Die beiden politischen Diskussionsstränge – über Möglichkeiten der Regulierung des Arbeitsmarkts Privathaushalt und über Illegale in Deutschland – verliefen bis in allerjüngster Zeit weitgehend parallel, aber unverbunden.

Um zu versuchen, diese beiden Stränge zusammenzudenken und um die Lebensführung der einpendelnden Haushaltsarbeiterinnen genauer zu verfolgen, nahm ich im Wintersemester 2001/02 eine Einladung als Gastwissenschaftlerin an das Hamburger Institut für Sozialforschung an. In dieser Zeit führte ich zunächst zwei Dutzend Experteninterviews in München, Hamburg und Berlin durch – in der Kommunalverwaltung, in einschlägig arbeitenden sozialen Einrichtungen, bei den Gewerkschaften, mit Lokalpolitikern u.a.m. Parallel begann ich mit der Suche nach Interviewpartnerinnen innerhalb der Gruppe der Putzfrauen selbst.

Meine ursprüngliche Idee, eine »saubere« Stichprobe, bestehend aus Ungarinnen, zu untersuchen, gab ich aus einem einfachen Grund schnell auf: Ungarinnen sind in den von mir untersuchten Städten, soweit ich das feststellen konnte, eher als Au-pairs oder in der Altenpflege zu finden, oder aber sie sind inzwischen eingebürgert. Es wurde schnell deutlich, dass München und Hamburg jeweils ein eigenes, spezifisches Putzfrauen-Nationalitäten-Profil hatten. Meine Gespräche mit Münchener Putzfrauen fanden deshalb hauptsächlich mit Frauen aus Polen und dem ehemaligen Jugoslawien statt; alle, mit denen ich Kontakt hatte, sprachen mehr oder weniger gut Deutsch, und sie pendelten meist schon länger zwischen ihrem Heimatland und München. Hinzu kamen einige Frauen aus Äthiopien und Brasilien. Meine Hamburger Gesprächspartnerinnen kamen vor allem aus dem Spanisch sprechenden Latein- und Mittelamerika, einzelne auch aus Afrika. Sie waren meist noch nicht so lange in Deutschland und kamen viel seltener in die Heimat; manche von ihnen interviewte ich mit der Unterstützung von Spanisch sprechenden Bekannten bzw. auf Englisch.

Auch die Vorstellung, eine »klassische« empirische Untersuchung durchzuführen, musste ich schnell aufgeben. Denn illegal Arbeitende sind – verständlicherweise – nicht ohne weiteres bereit, sich für qualitative Interviews klassischen Zuschnitts zur Verfügung zu stellen. Wer so lebt, gibt nach meiner Erfahrung nur dann die Zusage für ein mehrstündiges Interview, bei dem ein Aufnahmegerät mitläuft, wenn ein besonderes Vertrauensverhältnis vorausgesetzt werden kann. So gelang es mir nur in Einzelfällen – es waren insgesamt acht, bei denen mir die Arbeitgeberinnen gut bekannt waren –, Leitfadeninterviews nach den Regeln der qualitativen empirischen Sozialforschung durchzuführen. Manchmal konnte ich nach einem Gespräch mit einer Frau erst hinterher Notizen machen, und viele Gespräche ergaben sich spontan, so dass ich nicht mit jeder meiner Gesprächspartnerinnen unbedingt alle Themen abgedeckt habe. Stattdessen nahmen meine Recherchen eher Züge ethnographischer Feldforschung an – ich führte längere Gespräche mit den mich interessierenden Personen, wann immer sich die Gelegenheit ergab, und sammelte Informationen, wo und wie ich konnte. Zusätzliche Informationen erhielt ich aus Einzelfalldarstellungen und Interviewmaterial in Diplomarbeiten und kleineren studentischen Untersuchungen.

Parallel dazu führte ich – zuerst unbeabsichtigt, später dann als gezielten Teil meiner Recherchen – zahllose »Putzfrauengespräche« mit meist einheimischen Arbeitgeberinnen. Wenn man mich fragte: »Was machst du zurzeit?«, antwortete ich wahrheitsgemäß: »Ich untersuche die Lebensführung von Putzfrauen aus dem Ausland, die hierzulande in privaten Haushalten arbeiten.« Diese Aussage trat vielfach eine Erzähllawine über die eigene Putzfrau los oder über die Putzfrau der Eltern, und irgendwann fing ich an, solche Geschichten, die man mir erzählte, auch systematisch zu sammeln und in meine Studien einzubeziehen. Nebenbei klärte ich gelegentlich meine Gesprächspartnerinnen darüber auf, wie Putzfrauen in die gesetzliche Unfallversicherung aufgenommen werden (vgl. hierzu die Informationen im Anhang).

Je länger ich mich mit dieser Thematik beschäftige, desto deutlicher wird mir, wie vielschichtig die Struktur des Arbeitsbereichs Privathaushalt ist und wie sehr die politische Diskussion – und zwar ziemlich gleich, welcher politischer Richtung – diesbezüglich von Klischees beherrscht wird. Wir wissen noch sehr wenig über die Frauen, die in Deutschland und in aller Welt in den privaten Haushalten arbeiten. Auch ich dokumentiere im Folgenden nur einen Ausschnitt und beginne, die Konturen eines Bildes zu zeichnen, das sicher noch viele weitere Facetten enthält. Geboten wird hier weder ein vollständiger noch gar ein repräsentativer Bericht – er ist eher ein Eindruck aus einer Welt, von der wir noch wenig Gesichertes wissen, aufgespürt auf der wissenschaftlichen Grundlage einer langjährigen empirischen und theoretischen Beschäftigung mit Fragen von Familie, Haushaltsarbeit, Alltag und Geschlecht.

Einige Anmerkungen über Schwerpunkte und Begriffe

In diesem Buch liegt der inhaltliche Schwerpunkt auf Frauen, die in deutschen Privathaushalten gegen Bezahlung putzen, und nicht auf den ebenfalls zahlreichen ausländischen Kinder-, Kranken- und Altenbetreuerinnen. Trotzdem wird gelegentlich auch von ihnen die Rede sein, weil in der Praxis die Grenzen zwischen diesen Tätigkeitsbereichen fließend sind und es nicht selten zu Überschneidungen kommt. Wie in der unbezahlt verrichteten Hausarbeit, kann es auch bei der Arbeit der Putzfrauen vorkommen, dass sie gleichzeitig mit dem Saubermachen Funktionen in der Betreuung von Kindern, Alten oder Kranken mit erledigen. Zum Beispiel spielte Luiza, die brasilianische Putzfrau meiner Schwiegermutter, auch als Gesprächspartnerin und Gesellschafterin eine wichtige Rolle. Irgendwann bemerkten wir, dass die Schwiegermutter vor jedem Putzeinsatz von Luiza zum Bäcker ging, um Kuchen zu kaufen. Wir erfuhren, dass die beiden nach Luizas Arbeit regelmäßig noch eine

Stunde bei Kaffee und Kuchen zusammensaßen, sich unterhielten und gemeinsam deutsche Vokabeln einübten.

Der Schwerpunkt wurde auf Putzfrauen gelegt, weil sie zum einen vermutlich die in Deutschland größte Gruppe von häuslichen Beschäftigten darstellen, zum anderen, weil es bisher über diese Arbeitskräfte nur sehr wenige Untersuchungen gibt, obwohl »Putzfrau« zu den häufigsten Frauenberufen in Deutschland überhaupt gehören dürfte.

Lange habe ich überlegt, wie ich die Arbeit, die diese Arbeitskräfte verrichten und wie ich die Frauen selbst in diesem Text bezeichnen soll. Von Hausarbeit zu sprechen wäre irreführend gewesen, denn in der soziologischen Fachdiskussion ist der Begriff Hausarbeit als theoretische Kategorie »belegt« – er wurde definiert mit Bezug auf die unbezahlte »Arbeit aus Liebe«, die idealtypisch von Hausfrauen für ihre Angehörigen verrichtet wird. Demgegenüber wird derzeit versucht, ein theoretisches Konzept von Haushaltsarbeit zu entwickeln, das viel weiter geht und auch die bezahlte Arbeit umfasst. Aber diese Debatte hat erst vor kurzem begonnen, so dass noch nicht klar ist, was alles dazugehören soll. Außerdem wird aktuell heftig darüber gestritten, welcher Begriff für die häuslichen Beschäftigten in sozialwissenschaftlichen Analysen sinnvoll zu verwenden ist. Soll man lieber von Haushaltsarbeiterinnen, von den »neuen Dienstmädchen« oder vielleicht neudeutsch von »migrant domestic workers« sprechen? Jeder dieser Begriffe betont einen anderen Aspekt, und es gibt für jede Bezeichnung gute Pro- und Contra-Argumente. Sicher ist nur: Ist diese Diskussion einmal weiter vorangekommen, wird man die Frauen, über die ich im Folgenden berichte, aus guten Gründen mit an Sicherheit grenzender Wahrscheinlichkeit nicht einfach als Haushaltshilfen oder Putzfrauen und ihre Arbeit nicht einfach als Putzen bezeichnen.

Trotzdem habe ich mich dafür entschieden, in diesem Buch – begrifflich ebenso ungenau wie politisch unkorrekt – schlicht von Putzfrauen oder Haushaltshilfen zu sprechen. Dies geschieht aus einem einfachen Grund: Es sind die Begriffe, die derzeit im Alltag üblicherweise verwendet und von allen verstanden werden. Man könnte auch (und das wäre sehr viel präziser) über personenbezogene haushaltsnahe Dienstleistungsarbeit schreiben. Ich spreche einfach vom Putzen und vertraue darauf, dass der Inhalt der folgenden Aussagen zur Genüge deutlich macht, dass mit dieser Wortwahl weder die Frauen, über die berichtet wird, noch ihre Arbeit in irgendeiner Weise abgewertet werden sollen.

Zum Aufbau des Bandes

Ich beginne im Folgenden mit einem kurzen Blick zurück in die Geschichte der häuslichen Beschäftigung (Kapitel II), um einige historische Kontinuitäten in diesem Arbeitsbereich aufzuzeigen, aber auch um das Besondere an der gegenwärtigen Situation später vor dieser Folie präziser herausarbeiten zu können. Dann werden einige wichtige Hintergrundinformationen und Fakten zu heutigen Haushaltsstrukturen und zu den Wohnungen in Deutschland, zu Arbeitgeberhaushalten und zu den Putzfrauen selbst vorgestellt (Kapitel III).

Anschließend (Kapitel IV) gehe ich der Frage nach, wie Frauen aus aller Welt den Weg in deutsche Haushalte als Putzfrauen finden und wie es ihnen dabei ergeht. Gefragt wird sowohl nach ihrer Motivation für ihren Schritt in die Migration als auch danach, auf welche typischen Ressourcen sie dabei zurückgreifen können und mit welchen Belastungen sie fertig werden müssen. Im darauffolgenden Abschnitt (Kapitel V) geht es dann um das konkrete Alltagsleben dieser Gruppe in Deutschland, um Wohnen, Gesundheit, Arbeit, Freizeit und Krisenbewältigung. Die guten und schlechten Erfahrungen mit Arbeitgeberhaushalten stehen im Zentrum eines eigenen Kapitels, zusammen mit einigen Beobachtungen dazu, wie die Mängel der Lebensführung dieser Frauen in Deutschland als Ressource zur Bewältigung von Alltagsproblemen in deutschen Haushalten wirksam werden (Kapitel VI). Im darauffolgenden Abschnitt wird die Frage aufgeworfen, warum diese Personengruppe in der deutschen Öffentlichkeit vor allem unter dem Aspekt ihres illegalen Aufenthaltsstatus wahrgenommen wird, und es wird ein Einblick in die Schattenwelt der Illegalität gegeben (Kapitel VII). In Kapitel VIII wird herauszuarbeiten versucht, warum es zu der beobachteten internationalen Verknüpfung von Abhängigkeiten zwischen Frauen im Hinblick auf die Haus- und Familienarbeit gekommen ist sowie der Frage nachgegangen, warum Männer hierbei noch immer meist außen vor bleiben. Anschließend plädiere ich in Kapitel IX dafür, den gesellschaftlichen Bereich der Alltagsarbeit wieder stärker zum Gegenstand politischer Auseinandersetzung und Gestaltung werden zu lassen, und frage danach, wie es in diesem Arbeitsbereich gesellschaftlich in Zukunft weitergehen könnte.

Da sich dieser Band an ein allgemeines Publikum richtet, wurde zugunsten der besseren Lesbarkeit weitgehend auf den üblichen wissenschaftlichen Apparat mit umfangreichen Fußnoten und Zitaten verzichtet. Zu jedem Kapitel gebe ich am Ende dieses Bandes stattdessen einige Informationen zu weiterführenden Quellen unterschiedlicher Art – Literaturangaben, Hinweise auf Websites, Filme, Initiativgruppen u.a.m. Hier geht es mir nicht um Vollständigkeit, sondern darum, Anregungen zu bieten, wo man mehr erfahren könnte. Deshalb habe ich mich auf jeweils nur einige ausgewählte und gezielte Hinweise beschränkt, in der Hoffnung, Interessierte damit zu ermuntern, bestimmte Aspekte der jeweiligen Thematik weiterzuverfolgen.

II. Dienstmädchen gab es schon immer

Die bezahlte häusliche Arbeit ist ein sehr altes Phänomen, und es gab wohl keine Zeit in den letzten Jahrhunderten, in denen Haushalte, die es sich leisten konnten, ganz ohne familienfremde Arbeitskräfte ausgekommen wären. Aber wie solche Arbeitskräfte in den Haushalt integriert waren, ist je nach historischem Zeitpunkt jeweils sehr spezifisch.

Im sogenannten »ganzen Haus« vormoderner Zeiten war auch das Gesinde Teil der häuslichen Gemeinschaft. Zu jener Zeit, in der Arbeiten und Wohnen für alle Mitglieder des Haushalts eine Einheit bildeten, waren die Grenzen zwischen Familienmitgliedern und anderen Personen, die ebenfalls im Haus lebten und arbeiteten, nicht so scharf gezogen. Denn nicht der Einzelne war im »ganzen Haus« wichtig, ob in der Landwirtschaft oder im Handwerksbetrieb, sondern das Aufrechterhalten eines Generationen übergreifenden Regelwerks und die Sicherstellung der Lebens- und Arbeitsgemeinschaft. Daran hatten alle mitzuwirken, ob Töchter oder Mägde, Söhne oder Knechte – im »ganzen Haus« wurden alle in ähnlicher Weise in die Arbeit einbezogen und behandelt. Das zeigt sich zum Beispiel daran, dass es durchaus üblich war, dass alle Mädchen bzw. alle Jungen eines Hauses in der selben Kammer schliefen, unabhängig von ihrem Verwandtschaftsverhältnis zum Hausherrn. Und es waren oft wirklich noch Mädchen und Jungen, denn es war nichts Ungewöhnliches, die eigene Familie mit 14 Jahren oder noch jünger zu verlassen, um im Rahmen einer anderen Hausgemeinschaft in Stellung zu gehen.

Spätestens mit Beginn der Moderne prägt sich ein Muster aus, dass sich in der folgenden Zeit in unterschiedlicher Form lange halten wird – nicht nur in Deutschland gibt es historisch zahlreiche Beispiele für größere Wanderungsbewegungen im Zusammenhang mit der Arbeit in häuslichen Diensten. Mit den wirtschaftlichen Umwälzungen der Industrialisierung, dem aufkommenden Bürgertum und den entsprechenden Veränderungen in den Lebensverhältnissen der Menschen kam Bewegung in die vergleichsweise statische vormoderne Welt. Es veränderte sich damit auch die Zusammensetzung und die Position des Gesindes. Immer mehr wurde die häusliche Gesindehaltung zu einem Phänomen der Städte, und immer ausgeprägter wurde das Dienen im Haushalt zu einer Domäne des weiblichen Geschlechts. Als Zimmermädchen, Kindermädchen, Köchin oder – weitaus am häufigsten – als »Mädchen für alles« verdingten sich junge Mädchen und Frauen, vor allem vom Land, in den großen aufblühenden und wachsenden Städten, so dass bis zur Wende vom 19. zum 20. Jahrhundert der Frauenanteil an den Beschäftigten in häuslichen Diensten in Deutschland 99 Prozent betrug. Dienstmädchen war ein Massenberuf für Frauen, und Ende des 19. Jahrhunderts waren gut ein Viertel aller erwerbstätigen Frauen im privaten Haushalt beschäftigt. Ebenso groß wie das Angebot an Arbeitskräften war auch die Nachfrage, denn nicht nur für die großen Haushalte des Bürgertums war es selbstverständlich, mindestens ein Dienstmädchen zu beschäftigen. Auch in besser gestellten Handwerkerhaushalten war ein junges »Mädchen für alles« nicht ungewöhnlich.

Noch immer war das Zusammenleben in einer Hausgemeinschaft die typische Erfahrung, und bis 1918 galt noch die Gesindeordnung, in der quasifeudale Abhängigkeiten zwischen Hausangestellten und Herrschaft festgeschrieben wurden. Und doch hatte sich Wichtiges und Grundsätzliches innerhalb der Haushalte geändert – es wuchs mit der Privatisierung der Kernfamilie die soziale Distanz zwischen Familienangehörigen und ihren Dienstmädchen. Immer mehr wurde die Familie als eine eigene, abgeschottete und emotional hochgradig aufgeladene soziale Einheit gesehen. Man grenzte sich vom Dienstpersonal ab, in der Arbeit wie im Alltagsverhalten, aber auch symbolisch. So wurden die Mahlzeiten jetzt nicht mehr gemeinsam an einem Tisch eingenommen, und man schlief nicht mehr in einem Raum. In der Architektur der großbürgerlichen Häuser, die in dieser Zeit entstanden sind, sieht man noch heute die Spuren der typischen Lebensarrangements, die sich in dieser Zeit verallgemeinerten: Hängeböden und winzige Kammern für die Mädchen zum Schlafen in der Nähe der Küche, weitab von den Wohnräumen der Familienmitglieder, oft mit einem eigenen Dienstboteneingang.

Die nächste große Zäsur kam mit der Abschaffung der Gesindeordnung nach dem Ersten Weltkrieg. Aufgrund der persönlichen Abhängigkeit der Mädchen von ihrer Herrschaft, der harten Arbeitsbedingungen, der Rund-um-die-Uhr-Verfügbarkeit, des geringen Ansehens und der niedrigen Löhne ließ sich ein Prozess, der sich zuvor schon angedeutet hatte, nicht mehr aufhalten: Die Dienstmädchen lebten in der Regel nicht mehr im Haushalt des Arbeitgebers, sondern hatten eine Wohnmöglichkeit außerhalb und teilten damit nicht mehr das gesamte Alltagsleben ihrer Herrschaften. Frauen der unteren Schichten konnten nun auch verstärkt Beschäftigung in der Industrie oder als Angestellte finden.

Die internationale Mobilität der häuslichen Arbeitskräfte spielte auch damals schon eine bedeutende Rolle. Wenig bekannt ist, dass Deutschland nicht nur ein Einwanderungsland für Dienstmädchen gewesen ist (so etwa aus dem ländlichen Polen). Viele deutsche Mädchen und Frauen wanderten auch aus Deutschland aus, um in anderen Ländern in privaten Haushalten zu arbeiten. Die erste berufliche Station bei den großen Auswanderungswellen in die USA im 19. Jahrhundert hieß für zahllose deutsche Frauen *maid in America*. Deutsche Hausangestellte hatten nicht nur dort, sondern vielerorts einen guten Ruf, denn sie galten als fleißig, tüchtig, sauber und ehrlich. So waren auch andere Länder Auswanderungsziele, zum Beispiel die Niederlande, England, Belgien, die Schweiz und Griechenland. Die Geschichte vieler dieser Migrationsströme muss erst geschrieben werden, denn längst nicht alle Gruppen sind so gut untersucht wie die Dienstmädchen, die nach Amerika auswanderten, oder auch die große Gruppe, die sich besonders während der Weimarer Republik auf den Weg nach Holland machte.

In der ersten Hälfte der 1920er Jahre passierten schätzungsweise zwischen 100 000 bis 300 000 deutsche Frauen die niederländische Grenze auf der Suche nach Arbeit, und Zehntausende von ihnen fanden im »Guldenparadies« Holland auf Dauer ein Zuhause. Ab 1933 kehrten viele Dienstmädchen aus den Niederlanden aber in die Heimat zurück, teils weil es wieder mehr Arbeit für sie in Deutschland gab und die Löhne in den Niederlanden viel von ihrer Anziehungskraft verloren hatten, teils weil sie massiv unter Druck gesetzt wurden durch den obligatorischen Arbeitsdienst und die nationalsozialistische Politik. So gerieten die Dienstmädchen, die in jüdischen Haushalten in den Niederlanden Anstellungen gefunden hatten, mit der Rassengesetzgebung in Konflikt. Sie wurden aber auch aus bevölkerungspolitischen Überlegungen zur Rückkehr gedrängt. Durch die sogenannte »Hausmädchenheimschaffungsaktion« 1938 sollten die Frauen »heim ins Reich« geholt werden, um sie dem »deutschen Volkstum« als künftige Mütter zu erhalten; wer nicht bis zum 1. Februar 1939 heimkehrte, sollte die deutsche Staatsangehörigkeit verlieren. Dass diese Aktion wenig erfolgreich verlief, lag auch daran, dass viele Dienstmädchen sich nach Kräften gegen die Rückkehr wehrten, sei es, weil sie feste Beziehungen in den Niederlanden hatten, oder weil sie aus anderen Gründen bereits so sehr integriert waren, dass sie nicht daran dachten, nach Deutschland zurückzukehren.

Die Machtübernahme der Nationalsozialisten markierte eine weitere Zäsur auch in der Geschichte der Dienstmädchen. Allenthalben wurde der Mangel an Hausgehilfinnen in Deutschland seitens der NSDAP beklagt, obwohl die Volks- und Berufszählung 1939 noch über eine Million Hausmädchen in den deutschen Haushalten im Reichsgebiet ermittelte. Die nationalsozialistische Regierung unternahm einige Anstrengungen, hier für Abhilfe zu sorgen – so zum Beispiel durch die Einführung eines Pflichtjahrs für Mädchen in der Haus- und Landwirtschaft sowie die Verpflichtung zum weiblichen Reichsarbeitsdienst. Allerdings konnte damit der Bedarf an Haushaltshilfen bei weitem nicht gedeckt werden. Allen publizistischen Anstrengungen zum Trotz (denn das NS-Regime versuchte in vielfältiger Weise den Arbeitsbereich Privathaushalt als Betätigungsfeld für Frauen aufzuwerten) waren immer weniger einheimische Mädchen und Frauen bereit, in ihrer Heimat in häuslichen Diensten tätig zu werden.

Lange war man aus sicherheitspolizeilichen und volkstumspolitischen Überlegungen noch zögerlich, Ausländerinnen in deutsche Haushalte zu verpflichten; aber am 20. April 1942 kündigte Fritz Sauckel, der Generalbevollmächtigte für den Arbeitseinsatz, der für die Deportation und Organisation der Zwangsarbeit ausländischer Arbeitskräfte nach Deutschland verantwortlich war, eine Sonderaktion an: »Um der deutschen Hausfrau, vor allem der kinderreichen Mutter sowie der aufs höchste in Anspruch genommenen deutschen Bauersfrau eine fühlbare Entlastung zuteil werden zu lassen und ihre Gesundheit nicht weiter zu gefährden, hat mich der Führer auch beauftragt, aus den östlichen Gebieten etwa 4–500 000 ausgesuchte gesunde und kräftige Mädchen ins Reich hereinzunehmen.«[6]

---

6 Zitiert nach Ulrike Winkler, »Hauswirtschaftliche Ostarbeiterinnen« – Zwangsarbeit in deutschen Haushalten, in: dies. (Hg.), NS-Zwangsarbeit und Entschädigungsdebatte, Köln 2000, S. 154.

Wie viele dieser »hauswirtschaftlichen Ostarbeiterinnen«, die auf deutsche Familien verteilt wurden und aus der Ukraine, Weißrussland oder der Sowjetunion nach Deutschland kamen, ist noch nicht geklärt – es waren jedoch sehr viele, die bis heute auf eine Entschädigung warten.

Nach dem Zweiten Weltkrieg sank die Zahl der offiziell gemeldeten Hausangestellten ganz erheblich, und ab 1957 wurden die Hausangestellten wegen ihres geringen Anteils in Westdeutschland statistisch nicht mehr gesondert ausgewiesen. Haushaltsarbeit gegen Bezahlung war aber nicht verschwunden, sondern hatte in der Zwischenzeit wieder einmal ihre Form verändert – sie war gewissermaßen in den sogenannten informellen Sektor abgetaucht. Ab diesem Zeitpunkt dürfte der Regelfall der häuslichen Beschäftigung in Deutschland die schwarzarbeitende Haushaltshilfe gewesen sein, seither putzen in Deutschland ungezählte Frauen ohne Lohnsteuerkarte. Darüber, wie viele es in den ersten Jahrzehnten nach dem Krieg waren, existieren meines Wissens derzeit noch nicht einmal Schätzungen. Für die 1950er und frühen 1960er Jahre ist die Annahme realistisch, dass es überwiegend einheimische Frauen gewesen sein dürften, die gegen Bezahlung putzen gingen, was immer einheimisch im Einzelfall geheißen haben mag in einem Land wie der neuen Bundesrepublik Deutschland, das nach dem Krieg Millionen Flüchtlinge und Vertriebene aufzunehmen hatte.

Legal zugezogene ausländische Staatsangehörige werden es damals in den wenigsten Fällen gewesen sein, denn 1961 lebten im früheren Bundesgebiet noch nicht einmal 700000 Ausländer. Dreißig Jahre später hatte sich ihre Zahl mit 7,3 Millionen mehr als verzehnfacht. Hinzu kamen 3,7 Millionen Aussiedler, die in der Zwischenzeit vor allem aus der ehemaligen Sowjetunion, Polen und Rumänien nach Deutschland gekommen waren. Erst künftige Forschung wird zeigen, ob es Zufall ist oder nicht, dass alle Putzfrauen, die ich aus meinem privaten Umfeld in München in den 1960er Jahren erinnere, keine gebürtigen Bayerinnen, sondern ehemalige Flüchtlinge waren.

Zum technischen Wandel der Arbeit im Haushalt

Das Pensum an schwerer und schmutziger körperlicher Arbeit, das in Haushalten früherer Zeiten zu verrichten war, war sicher mit ausschlaggebend für die historisch große Nachfrage nach häuslichen Beschäftigten. Jeder Blick zurück auf ihre Geschichte wäre deshalb unvollständig ohne wenigstens einige Bemerkungen dazu, wie sich die Hausarbeit selbst verändert hat.

Beim ersten Hinsehen scheint so gut wie alles in der Hausarbeit sehr viel leichter geworden zu sein, wobei bekannterweise hier insbesondere die Maschinisierung und Technisierung der Haushalte eine wichtige Rolle spielen. Inzwischen sind manche der tagtäglich notwendigen Verrichtungen, die noch vor 200 Jahren überall gang und gäbe waren, sogar völlig aus unserem kollektiven Gedächtnis verschwunden. Wir wissen vielleicht noch, dass man in früheren Haushalten eingekocht, gedörrt und gebacken hat in einem Ofen, den man mühsam einheizen musste. Aber wer weiß heute noch, wie die komplizierte Prozedur des Feuer- und Lichtmachens vor sich ging, die es vor der Einführung der Schwefelhölzer 1829 zu beherrschen galt?

Die zahlreichen technologischen Verbesserungen in den Haushalten setzten sich im Zeitverlauf in einem typischen Muster durch: Das, worüber zunächst nur die wohlhabenderen städtischen Haushalte verfügen, wird nach und nach in anderen sozialen Schichten und auch auf dem Land verfügbar. Eine der entscheidenden Entwicklungen dabei war der Siegeszug der Elektrizität, der ab Ende des 19. Jahrhunderts in den Städten begann. Strom war von Anfang an teuer, so sehr, dass damals vor allem Sozialdemokraten kritisierten, die Vorzüge des elektrischen Stroms kämen nur den Reichen und dem Staat zugute. Es dauerte bis weit in das 20. Jahrhundert hinein, bis das Stromnetz flächendeckend und mit einheitlicher Spannung für die gesamte Bevölkerung zur Verfügung stand. Damit erst waren aber die grundlegenden technischen Voraussetzungen dafür gegeben, dass immer mehr elektrische Haushaltsgeräte, von denen es viele prinzipiell schon erheblich länger gab, als Massenware tatsächlich Einzug in die Haushalte halten konnten. Noch bis in die 1950er Jahre gab es in vielen Wohnungen in Deutschland nur Lichtschalter, jedoch noch keine Steckdosen. Die große Wende zur umfassenden Technisierung der Haushalte kommt in Westdeutschland mit der massenhaften Verbreitung von Haushaltsgeräten zwischen Anfang der 1960er und Anfang der 1970er Jahre. 1962 hatte zum Beispiel erst jeder zweite westdeutsche Haushalt einen Kühlschrank, 1973 gehört er zur Standardausstattung. Aus heutiger Sicht erscheint es nahezu unvorstellbar, dass noch Anfang der 1960er Jahre gerade einmal jeder zehnte Haushalt in der Bundesrepublik über eine Waschmaschine verfügte.

Trotz aller heutiger technischer Errungenschaften des täglichen Lebens wäre es unzulässig, daraus den Schluss zu ziehen, die Arbeit im Haushalt sei dadurch einfach weniger geworden. Erleichtert jedoch wurde sehr vieles – keine Frau in Deutschland muss den noch in der Zeit des Wirtschaftswunders verbreiteten und allgemein verhassten Waschtag in der Waschküche zubringen. Stattdessen lässt man die Waschmaschine »nebenbei« mitlaufen, und weil man das so einfach kann, ist täglich frische Wäsche heute zum allgemeinen Standard geworden. Und die Maschine läuft und läuft und läuft, vielfach jeden Tag. Aber wer schaltet sie an, wer hängt die Wäsche auf, wer bügelt sie? Heute schleppt wohl kaum jemand mehr samstags mühsam die Kohlen mehrere Stockwerke hoch, um den Badeofen einzuheizen. Statt des wöchentlichen Badetags für die ganze Familie baden und duschen heute alle, wann immer sie wollen. Aber wer bringt dann die gläserne Duschkabine und die empfindlichen Armaturen wieder auf Hochglanz, wer macht anschließend die modernen Badezimmer sauber, von denen etliche Haushalte heute nicht nur eines haben?

Unsere Standards und Ansprüche an Hausarbeit sind mit der Verbreitung der vielen arbeitssparenden Geräte sprunghaft mitgewachsen. Die Folge der technischen Erneuerungen in den Haushalten ist deshalb durchaus nicht unbedingt, dass die zu verrichtende Arbeit nur weniger geworden wäre. Sie hat sich vor allem in ihrer Qualität verändert.

III. Die aktuellen Rahmenbedingungen der bezahlten Haushaltsarbeit – einige Zahlen, Fakten und Hintergrundinformationen[7]

In welchem Rahmen spielt sich die bezahlte Arbeit in den Privathaushalten heute ab? Um einer Antwort auf diese Frage näher zu kommen, ist zunächst ein Blick auf den Strukturwandel der privaten Haushalte in Richtung immer kleiner werdender Einheiten notwendig. Diese Entwicklung ist ein Prozess, der sich während des ganzen 20. Jahrhunderts vollzieht. Zu Beginn des Jahrhunderts war die häufigste Haushaltsform der Haushalt mit fünf und mehr Personen, und nur selten fand man den Ein-Personen-Haushalt. Hundert Jahre später ist es genau umgekehrt.
So sieht die Zusammensetzung der privaten Haushalte heute aus:

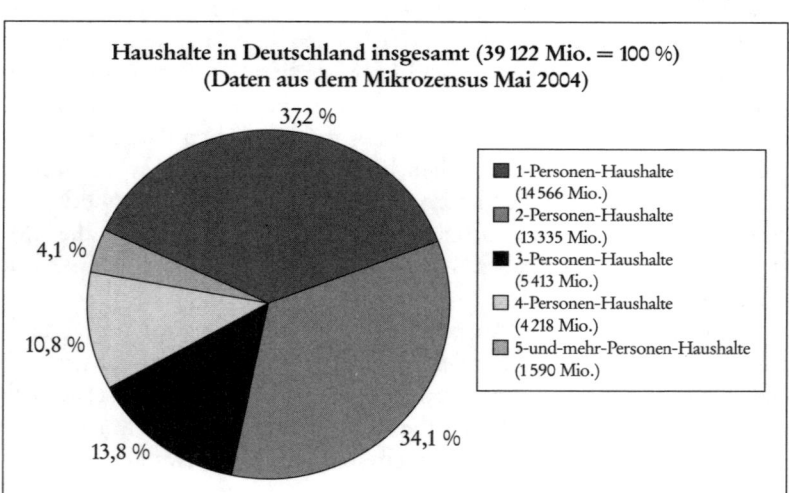

Haushalte in Deutschland insgesamt (39 122 Mio. = 100 %)
(Daten aus dem Mikrozensus Mai 2004)

37,2 %
4,1 %
10,8 %
13,8 %
34,1 %

- 1-Personen-Haushalte (14 566 Mio.)
- 2-Personen-Haushalte (13 335 Mio.)
- 3-Personen-Haushalte (5 413 Mio.)
- 4-Personen-Haushalte (4 218 Mio.)
- 5-und-mehr-Personen-Haushalte (1 590 Mio.)

---

7 Das Zahlenmaterial entstammt den Angaben des Statistischen Bundesamtes, vgl. www.destatis.de (2. Mai 2006).

Heute befinden wir uns, was das Zusammenleben der Generationen angeht, in einer historisch einmaligen Situation. Der Familienhaushalt mit Kindern ist gegenüber den Haushalten ohne Kinder heute in einer Minderheitenposition, und sogenannte Mehr-Generationen-Haushalte, Haushalte also, in denen ein Mitglied der Großelterngeneration mit in der Familie lebt, findet man nur noch äußerst selten.

Oft werden gerade diese statistischen Zahlen über Haushaltsgrößen allerdings falsch interpretiert – regelmäßig schließen Journalisten daraus, jeder dritte (bzw. in den Großstädten, wo noch viel mehr Ein-Personen-Haushalte zu finden sind, jeder zweite) Mensch lebe nunmehr allein, und folgern daraus, die Gesellschaft bestehe bald aus lauter vereinsamten Singles. Kennt man aber die Anzahl der Haushalte, dann sagt das, vereinfacht gesagt, zunächst einmal nur aus, wie viele abgrenzbare Wohneinheiten welchen Typs (Ein-Personen-Haushalt, Zwei-Personen-Haushalt usw.) zu einem gegebenen Stichtag in Deutschland zu finden sind – mehr nicht. Wie sich die Bevölkerung auf diese Haushalte verteilt oder wie die Menschen ihren Alltag gestalten, sind ganz andere Fragen. Geht man den notwendig nächsten Schritt und errechnet die Verteilung der deutschen Bevölkerung (2004 waren es rund 83 Millionen Menschen) auf die jeweiligen Haushaltstypen, dann ergibt sich ein viel weniger dramatisches Bild:

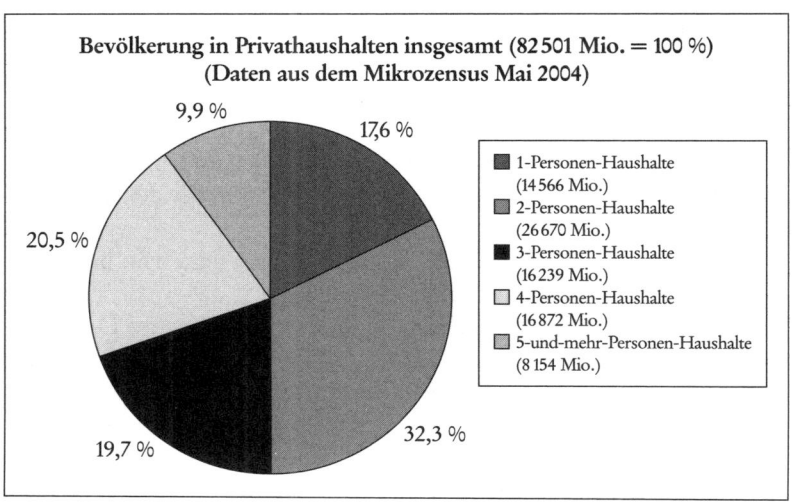

Bevölkerung in Privathaushalten insgesamt (82 501 Mio. = 100 %)
(Daten aus dem Mikrozensus Mai 2004)

9,9 %

17,6 %

20,5 %

19,7 %

32,3 %

- 1-Personen-Haushalte
  (14 566 Mio.)
- 2-Personen-Haushalte
  (26 670 Mio.)
- 3-Personen-Haushalte
  (16 239 Mio.)
- 4-Personen-Haushalte
  (16 872 Mio.)
- 5-und-mehr-Personen-Haushalte
  (8 154 Mio.)

Über 80 Prozent der deutschen Bevölkerung leben demnach zu einem gegebenen Zeitpunkt auch heute nicht allein, sondern verteilt auf irgendeine Variante der Mehr-Personen-Haushalte. Hinzu kommt, dass es sich bei all diesen Zahlen lediglich um Momentaufnahmen handelt. Wer beispielsweise als junger Mensch zum Stichtag X in einem Ein-Personen-Haushalt lebt, kann bis zu einem späteren Stichtag Y mit einem Partner oder mit einer Partnerin zusammenziehen und wird das nach aller Wahrscheinlichkeit irgendwann im Laufe des Lebens auch tun – die allerwenigsten Menschen in Deutschland wohnen ihr ganzes Erwachsenenleben allein.

Auch sagen statistische Angaben für sich genommen nichts darüber, wie sich das Alltagsleben, zum Beispiel auch in den vielen Ein-Personen-Haushalten, abspielt. Dass ein Haushalt als Ein-Personen-Haushalt registriert wird, lässt die Frage völlig offen, in welcher Partnerschaftsform die Person lebt, die in diesem Haushalt gemeldet ist. Seit geraumer Zeit beobachtet man in den Sozialwissenschaften ein Phänomen, das viele aus dem eigenen Umfeld, wenn nicht sogar aus eigener Erfahrung kennen dürften – die vielen unterschiedlichen Varianten des sogenannten *living apart together*. Hinter diesem Begriff verbergen sich verschiedene mobiler gewordene Partnerschaftsformen. *Living apart together* kann ebenso das tägliche Hin und Her eines Paares zwischen zwei Stadtteilen in einer Stadt sein als auch das Pendeln an den Wochenenden, zum Beispiel vom Arbeits- oder Studienort in einer Großstadt und der Familie auf dem Land oder zwischen Deutschland-Ost und Deutschland-West. Dahinter kann sich sogar transnationale Mobilität verbergen, zwischen Frankfurt und London oder gar zwischen München und Toronto (in diesen Fällen würden die zweiten Haushalte gar nicht in der deutschen Statistik auftauchen).

Ein anderes Klischee über den Single-Haushalt, dem man häufig begegnet, legt die Vorstellung nahe, es handele sich dabei vor allem um junge Leute, die sich hauptsächlich von Pizzen und Energy-Drinks ernähren und an den wenigen Abenden, an denen sie einmal zu Hause sind, im Internet chatten. Die Wirklichkeit dürfte ganz anders aussehen, denn tatsächlich besteht die größte Gruppe innerhalb der Ein-Personen-Haushalte aus alleinstehenden älteren Frauen, die ihre Ehemänner überlebt haben. Alte Menschen werden in den Medien im Zusammenhang mit veränderten Haushaltsformen zwar gelegentlich angesprochen, aber dann nicht selten in Verbindung mit dem klischeebeladenen Hinweis darauf, dass die Senioren bei uns durch die veränderten Strukturen immer stärker vereinsamen, da sie nicht mit ihren Kindern und Enkelkindern unter einem Dach zusammenleben. Einschlägige Untersuchungen zeichnen auch hier ein weniger dramatisches Bild. Es gibt zahlreiche empirische Hinweise dafür, dass die Bindungen, Beziehungen und alltäglichen gegenseitigen Hilfeleistungen zwischen den Generationen trotz veränderter Haushaltsstrukturen zum Glück noch sehr lebendig sind, auch wenn man nicht zusammen wohnt. Familien bilden heute haushaltsübergreifende Netzwerke, und in vielen Fällen wohnen die Generationen nach wie vor in mehr oder weniger unmittelbarer Nähe zueinander und pflegen auch dort, wo das nicht der Fall ist, trotz getrennter Haushalte meist regelmäßige Kontakte.

Wenn man diese Befunde zusammenfasst, dann deuten sie vor allem in eine Richtung: Der statistische Trend zu kleineren Haushalten verweist, neben den insgesamt kleineren Familien und der gewachsenen Mobilität, in erster Linie auf den inzwischen erreichten Wohlstand in Deutschland, der es den Menschen ermöglicht, sich einen größeren individuellen Wohnkomfort mit mehr und besser ausgestattetem privatem Wohnraum leisten zu können.

Wie haben sich unsere Wohnungen verändert?

Wie sehen nun die Wohnungen aus, die es in Deutschland sauber zu halten gilt? Sie sind vor allem sehr viel größer und anders ausgestattet als noch vor kurzer Zeit. Wohl in kaum einem anderen Lebensbereich sind die Lebensbedingungen in den letzten Jahrzehnten so nachhaltig verändert und verbessert worden wie im Bereich des Wohnens. Nach dem Zweiten Weltkrieg gab es durch die kriegsbedingten Schäden eine ausgeprägte Wohnungsnot, besonders in den großen Städten, wo bis zu 90 Prozent des Wohnraums zerstört waren. Nicht überall war die Verwüstung durch den Krieg gleich dramatisch, aber immerhin war 15 Prozent des gesamten deutschen Wohnungsbestands zerstört. Die Wohnungsnot spitzte sich durch einen Strom von Flüchtlingen und Vertriebenen aus den deutschen Ostgebieten und Siedlungsgebieten im Ausland zu. 1950 lebten 8 Millionen Vertriebene aus den Ostgebieten des ehemaligen Deutschen Reiches und deutschen Siedlungsgebieten im Ausland im früheren Bundesgebiet, das waren 16 Prozent der Bevölkerung. Und bis zum Bau der Berliner Mauer 1961 kamen zusätzlich 2,6 Millionen Ostdeutsche nach Westdeutschland, die alle eine Wohnung brauchten. Entsprechend eng waren die Wohnverhältnisse in den ersten Jahren und Jahrzehnten nach dem Krieg.

Noch 1950 standen pro Person im früheren Bundesgebiet lediglich 15 qm Wohnfläche zur Verfügung, und nur die Hälfte aller frisch getrauten Ehepaare konnte ihr Eheleben in räumlicher Unabhängigkeit von ihren Eltern beginnen. Der beispiellose Bauboom der folgenden Jahrzehnte, im Westen wie im Osten, führte dazu, dass man allmählich auseinander rücken konnte. Bis Anfang des 21. Jahrhunderts hatte sich die durchschnittliche Pro-Kopf-Wohnfläche im früheren Bundesgebiet auf 43 qm erhöht (2002) (der entsprechende Wert für die östlichen Bundesländer und Berlin-Ost lag bei 36 qm).

Nicht nur die Wohnfläche, die man heute sauber zu halten hat, hat sich dramatisch vergrößert. Es haben sich auch die Räume in ihrer Qualität verändert. So sind neue Räume in den Wohnungen als Standard hinzugekommen, zum Beispiel ein eigenes Kinderzimmer für jedes Kind. Auch die Selbstverständlichkeit der eigenen Toilette innerhalb der Wohnung ist eine relativ neue Errungenschaft: Ende der 1950er Jahre war das ein Luxus, den man nur in knapp der Hälfte aller Wohnungen im früheren Bundesgebiet vorfand, in der ehemaligen DDR sogar nur in etwas über 30 Prozent. Mitte der 1990er Jahre haben 99 Prozent der Wohnungen im Westen und 90 Prozent im Osten ein eigenes WC.

Zur Struktur der Arbeitgeberhaushalte

Wer beschäftigt Putzfrauen? Familien mit der klassischen Familienstruktur, denen vielleicht mit der Beschäftigung einer Haushaltshilfe am meisten geholfen wäre, sind jedenfalls derzeit nicht die typischen Nachfragehaushalte. Vermutlich gibt es hierfür verschiedene Gründe. Zum einen dürfte in Familienhaushalten mit traditioneller Struktur, in der es nur einen Verdiener gibt, in den meisten Fällen das Geld eher knapp sein. Zum anderen gehört es in vielen Milieus, auch in Familien, die es sich prinzipiell leisten könnten, normativ zur Rolle der Hausfrau, dass sie den »eigenen Haushalt macht«, solange sie »ganz« zu Hause ist. Oder man spart sich das Geld lieber für andere Ausgaben – wie etwa größere Anschaffungen oder den Urlaub.

Bekannt ist, dass die typischen Nachfragehaushalte in Deutschland einerseits kleinere Haushalte und andererseits eher westdeutsche Haushalte sind.[8] Man kann grob zwei große Gruppen unterscheiden: Es sind zum einen solche Haushalte, die sich Entlastungen im Haushalt finanziell gut leisten können, zum Beispiel voll berufstätige Singles und Paare, aber auch gutsituierte ältere Menschen. Und es sind zum anderen diejenigen, die es aus unterschiedlichen Gründen zeitlich oder körperlich nicht oder nicht mehr schaffen, die Hausarbeit selbst zu erledigen und die auch nicht auf die unbezahlte Hilfe anderer zurückgreifen können oder wollen. Es gibt eine überraschend große Gruppe von Haushalten mit einem eher niedrigen Einkommen, die Putzhilfen beschäftigen. Dazu gehören beispielsweise viele Rentnerhaushalte oder auch Alleinerziehende. Fast jeder bzw. jede Dritte alleinstehende Rentner bzw. Rentnerin beschäftigt heute eine Haushaltshilfe.

Die gestiegene Berufstätigkeit von Frauen in Westdeutschland spielt in diesem Zusammenhang meines Erachtens eine eher indirekte, aber nichtsdestotrotz wichtige Rolle. Nur dort, wo die wöchentliche Arbeitszeit der Frauen 40 Stunden überschreitet, findet man eine große Nachfrage nach Putzhilfen im eigenen Haushalt. Dass es deshalb keinen Zusammenhang zwischen der stärkeren Erwerbsneigung der Frauen und der Nachfrage nach Putzhilfen gibt, wäre jedoch ein Kurzschluss. Denn hier kommen die bereits angesprochenen vielfältigen Veränderungen der materiellen Lebensumstände, der Wohnsituation der Familien und der Alltagsgestaltung zusammen. Wenn es heute besonders viele Rentner und Rentnerinnen sind, die auf die Hilfe bezahlter Kräfte zurückgreifen, dann hängt das vermutlich auch damit zusammen, dass die »Ressource

---

8 Vgl. Hierzu ausführlich Karsten Hank, Die Beschäftigung von Putz- und Haushaltshilfen in Deutschland und ihr Effekt auf das Arbeitsangebot von Frauen, in: *Zeitschrift für Familienforschung*, 10. Jg., Heft 3/1998, S. 29–48.

junge Hausfrau« eher knapp geworden ist. Die Zeit der Frauen der jüngeren Generation, die heute auch in den westlichen Bundesländern vielfach versuchen, ein mehr oder minder umfangreiches Pensum an eigener Berufstätigkeit mit ihrer Familienarbeit zu vereinbaren, reicht oft gerade noch dafür, ihre eigenen Wohnung sauber zu halten, nicht aber für die Versorgung eines kompletten zweiten Haushalts der alten Eltern oder Schwiegereltern.

Wer arbeitet als Putzfrau in Deutschland? Einige typische Differenzierungen

Bezahlte Haushaltsarbeit ist heute meist Schwarzarbeit, aber diese Schwarzarbeit hat viele verschiedene Schattierungen, je nachdem in welcher Gesamtlebenssituation sich die arbeitende Person befindet, die sie verrichtet. Auch hier gibt es eine Reihe von wichtigen Unterschieden, die es zu beachten gilt. Eine alleinerziehende deutsche Mutter beispielsweise, die Sozialhilfe bezieht, oder eine Hausfrau mit einem vergleichsweise gut verdienenden Ehemann, die das Familieneinkommen durch gelegentliches Putzen aufzubessern versucht, befinden sich in einer anderen sozialen Situation als eine aufenthaltsberechtigte türkische Studentin der zweiten oder dritten Generation, die ihr Studium mit Putzen finanziert. Eine nach der Ablehnung ihres Asylantrags in die Illegalität abgetauchte Äthiopierin, die ausschließlich von ihren Putzjobs leben muss und die auch noch die Familie in Afrika von ihrem Verdienst ernährt, ist nur bedingt vergleichbar mit einer polnischen Frau mit Touristenvisum, die gelegentlich nach Deutschland einreist, um Putzjobs zu übernehmen. Und auch innerhalb jeder ethnischen Gruppe gibt es vielfältige wichtige Differenzierungen, zum Beispiel je nach Arbeitsort, Wohn- und Beschäftigungssituation, rechtlichem Status u.a.m.

Das Tableau der Arbeit im Haushalt heute ist außerordentlich komplex, und es ist noch ungeklärt, wer in diesem Bereich zu welchen Bedingungen arbeitet, denn die genaue Landkarte häuslicher Arbeit in Deutschland gilt es erst zu erstellen. Dieser Arbeitsmarkt ist in der Wissenschaft in Deutschland noch immer weitgehend ein blinder Fleck (von der Politik ganz zu schweigen), obwohl er sehr viele Menschen beschäftigt. Quantitativ am meisten Arbeit wird noch immer ziemlich sicher von den Hausfrauen verrichtet, die ihre »Arbeit aus Liebe« tun, wie es einmal in einer klassischen soziologischen Formulierung hieß. Die zweitgrößte Gruppe dürften die bezahlten Kräfte sein, in der überwiegenden Zahl Frauen. Weder weiß man bisher Gesichertes über die konkreten Arbeitsverhältnisse noch über die soziale, ethnische und regionale Zusammensetzung der Arbeitenden, die Arbeitsorganisation, die Interaktion zwischen Arbeitgeberin und Arbeitskraft noch über die Lohnhöhe und Lohndifferenzierung.

Dass sich so lange so gut wie niemand für diesen Arbeitsbereich systematisch interessiert hat, ist umso erstaunlicher, als alle Fachleute, die sich auch in Deutschland inzwischen allmählich mit diesem Thema zu befassen beginnen, betonen, dass es sich hierbei nicht um unbedeutende kleine Gruppen von Beschäftigten handelt. Allerdings gibt es aus naheliegenden Gründen keine verlässlichen statistischen Angaben über die Größe dieser Gruppe, sondern lediglich Schätzungen dazu. Die seriöseste, die derzeit vorliegt, geht davon aus, dass im Frühjahr 2000 7,6 Prozent der Privathaushalte in Deutschland regelmäßig eine Putz- oder Haushaltshilfe beschäftigten.[9] Das entspricht mehr als 2,9 Millionen Beschäftigungsverhältnissen. Weitere 4 Prozent der Haushalte nehmen zumindest gelegentlich eine Haushaltshilfe in Anspruch, das heißt, dass zusammengenommen mehr als 4 Millionen Privathaushalte regelmäßig oder zumindest gelegentlich als Arbeitgeber auftreten. Uneingeschränkt sozialversicherungspflichtig beschäftigt erschienen zu diesem Zeitpunkt allerdings noch nicht einmal 40 000 Personen in der Beschäftigtenstatistik. Ebenso gehen alle davon aus, dass es sich bei den häuslichen Beschäftigten häufig um Frauen mit ausländischem Pass und/oder um illegal Beschäftigte handeln dürfte. Wie hoch der Anteil von Ausländerinnen an der Gesamtheit aller häuslichen Beschäftigten ist, darüber ließe sich nur spekulieren. Aber man kann annehmen, dass eine der wichtigsten (wenn

---

9 Jürgen Schupp, »Quantitative Verbreitung von Erwerbstätigkeit in privaten Haushalten Deutschlands«, in: Claudia Gather/Birgit Geissler/Maria S. Rerrich (Hg.), Weltmarkt Privathaushalt. Bezahlte Haushaltsarbeit im globalen Wandel, Münster 2002.

auch keineswegs die einzige) Trennlinien innerhalb der Gruppe der häuslichen Beschäftigten entlang der Dimension »Ethnie« verläuft. Allerdings gibt es auch hier vielfältige Binnendifferenzierungen.

Als erste analytische Unterscheidung erscheint es mir sinnvoll, bei den bezahlten Kräften grob drei Gruppen zu unterscheiden – die Einheimischen, die Zugewanderten und die Cosmobilen. Letztere sind die Menschen, die man weder als einheimisch noch als richtig zugewandert bezeichnen könnte, und um die es mir im Folgenden hauptsächlich gehen wird.

Eine solche Einteilung kann für den Einzelfall nicht trennscharf sein. So könnte zum Beispiel eine offiziell als Studentin zugezogene Frau nach Ablauf ihres Visums in die Illegalität abtauchen, dann irgendwann nach der Heirat mit einem Deutschen die deutsche Staatsangehörigkeit annehmen und in der ganzen Zeit ihren Lebensunterhalt mit Putzen verdienen – sie würde in dieser Zeit alle drei Kategorien »durchlaufen«. Die Einteilung soll lediglich einige mögliche und wichtige analytische Differenzierungen bei der Untersuchung der Arbeits- und Lebensverhältnisse von häuslichen Beschäftigten andeuten. Solche Differenzierungen wären um viele weitere wichtige Dimensionen zu ergänzen: zum Beispiel Alter, Qualifikation, Familienstand, Region, Zahl der Arbeitsstellen, Arbeitszeit, Stellenwert des Putzens im Verhältnis zu anderen Arbeiten u.a.m.

Wie vielfältig die Beschäftigungsverhältnisse in den Privathaushalten sein können, wird ersichtlich, wenn man sich einige konkrete Beispiele ansieht, wobei zu beachten ist, dass im Alltag die Grenzen zwischen Putzen und anderen bezahlten Haushaltätigkeiten oft fließend sind.

Hier beispielhaft einige mir bekannte Fälle

a) aus der *Gruppe der einheimischen Frauen*:

– die kaufmännische Angestellte, deren Qualifikation nach zwanzigjähriger Tätigkeit als Hausfrau veraltet ist, und die deshalb nur als Putzfrau Arbeit findet,

– die Schülerin, die ihr Taschengeld aufbessert, indem sie gegen Bezahlung für die Kinder in der Nachbarschaft babysittet, für ein älteres Paar gelegentlich einkaufen geht und bei einfachen Hausarbeiten hilft,

– die Sprechstundenhilfe, die nicht nur in der Praxis ihrer älteren Chefin arbeitet, sondern auch noch ihre Wohnung sauber macht und für diese täglich kocht,

– die ausgebildete Krankenschwester, die in der Elternzeit als Tagesmutter tätig ist und ab und zu auch putzen geht;

b) aus der *Gruppe der Zugewanderten*, also der Frauen mit Migrationshintergrund, die in Deutschland ihren ständigen, gesicherten Aufenthalt haben:

– die aus Siebenbürgen zugewanderte ältere Chemikerin deutscher Abstammung, die in Schwarzarbeit als private Altenbetreuerin tätig ist und dabei auch einige Haushaltstätigkeiten für die von ihr betreuten alten Leute erledigt,

– das ukrainische Au-pair-Mädchen, das einen Deutschkurs besucht, um seine Sprachkenntnisse zu verbessern, in einer Familie mit zwei Schulkindern beschäftigt ist und nebenbei noch in anderen Haushalten putzt,

– die kroatische Arbeiterin, die hauptberuflich in einer Krankenhauswäscherei arbeitet und außerdem in Schwarzarbeit mehrere Haushalte versorgt, deren Bettwäsche sie im Krankenhaus mit wäscht.

Über solche – deutsche und ausländische – Frauen, die mehr oder weniger fest in Deutschland etabliert sind und (auch) in Privathaushalten arbeiten, wird man im Folgenden nur am Rande erfahren. Auch über die privat verrichtete Kinder-, Kranken- und Altenpflege könnte man einige (vermutlich sehr verschiedene) Bücher schreiben. Im Zentrum meiner Überlegungen wird nur die Gruppe von Putzfrauen stehen, die ich die *Cosmobilen* nenne – Frauen, die weder Einheimische noch richtig Zugewanderte sind, Frauen wie Maria Nowak und Celina Gonzales. Innerhalb der Cosmobilen lassen sich wiederum zwei Untergruppen unterscheiden: die sogenannten *Transmigrantinnen* und die *Illegalen*.

Transmigration[10] bedeutet, sehr vereinfacht gesagt, eine Lebensführung, die sich zwischen zwei Ländern zugleich abspielt; transmigrierende Haushaltshilfen sind Frauen wie Maria Nowak, die zwischen Deutschland und ihrem Heimatland in bestimmten Zeitabständen hin- und herfahren und dabei ihren Lebensunterhalt durch Putzjobs in Privathaushalten verdienen. Oft kommen solche Frauen offiziell als Touristinnen, das heißt, sie haben einen legalen Aufenthaltsstatus in Deutschland, arbeiten aber illegal.

---

10 Vgl. hierzu grundlegend Ludger Pries (Hg.), Transnationale Migration. *Soziale Welt*, Sonderband 12, Baden-Baden 1997.

Dagegen verstoßen illegale Migrantinnen wie Celina Gonzales auch im Hinblick auf ihren Aufenthaltsstatus gegen das Gesetz;[11] es sind Frauen, deren aktuelle Lebensweise weniger mobil ist als die der Transmigrantinnen, die aber gewissermaßen auf einem gepackten Koffer in Deutschland sitzen, weil sie jederzeit ausgewiesen werden können.

Mir sind diese beiden Gruppen von Frauen besonders wichtig, weil ich sie als prototypische Vertreterinnen eines wichtigen, bisher zumindest in Deutschland wenig thematisierten Aspekts des aktuellen Globalisierungsgeschehens sehe. Denn es wird zu zeigen sein, dass auch Privathaushalte vom Globalisierungsprozess nicht unberührt bleiben.

Arbeit im Haushalt, ob bezahlt oder unbezahlt, wurde immer schon mehr oder minder unsichtbar verrichtet, und wer sie verrichtet, kann nicht mit viel Anerkennung rechnen. Das dürfte der Grund sein, warum es gesellschaftlich nicht weiter auffällt, dass in Deutschland hinter den verschlossenen Wohnungstüren inzwischen ungezählte häusliche Beschäftigte aus aller Welt arbeiten, obwohl das zumindest in den Metropolen allgemein bekannt sein dürfte. Die cosmobilen Haushaltsarbeiterinnen kommen irgendwie hierher und verschwinden nach einer Zeit wieder (oder auch nicht). Wie sie hier leben und überleben, wie, wo und wie lange sie arbeiten, was aus ihnen langfristig wird – das weiß bisher niemand so genau.

---

11 Vgl. zum Problemkomplex illegaler Aufenthalt Kap. VII.

IV. Nach Deutschland von daheim – Wie Frauen aus aller Welt den Weg in unsere Haushalte finden

Es ist interessant, wie viele Menschen offenbar annehmen, die Fähigkeit zum Wohnungsputz sei – gleichsam chromosomal begründet – ein primäres Geschlechtsmerkmal aller Frauen und besonders von Frauen aus den ärmeren Ländern der Welt. Für sie kann ich mit meinen Recherchen ziemlich eindeutig belegen, dass weder die eine noch die andere Annahme zutrifft. Sowohl Frauen als auch Männer müssen die Techniken des Putzens erst einmal lernen (und notabene: Eine Wohnung gut, schnell und gründlich zu putzen ist gar nicht so einfach). Nur scheint sich bisher weder das eine noch das andere Faktum hierzulande allgemein herumgesprochen zu haben. Vielleicht sollte man das aber auch nicht zu sehr an die große Glocke hängen, denn ihr vermeintlich natürliches Talent, eine Wohnung sauber zu machen, ist das wichtigste Kapital, auf das Frauen gleich welcher Herkunft bauen können, wenn sie ins Ausland aufbrechen, um Geld zu verdienen, ganz gleich, in welchem Beruf sie vorher gearbeitet haben. Unabhängig davon, ob sie je zuvor irgendwie mit Hausarbeit in Berührung gekommen waren, gehen potentielle Arbeitgeber und Arbeitgeberinnen in aller Regel einfach davon aus, ausländische Frauen aus ärmeren Ländern könnten alles, was man im Haushalt können muss.

Ich habe ungezählte, zum Teil recht komische Geschichten über die Abenteuer gehört, die etliche meiner Gesprächspartnerinnen erlebten, als sie ihre ersten Versuche mit Besen, Staublappen und Wischer unternahmen, um eine fremde Wohnung in Deutschland in Ordnung zu bringen. So berichtet Carmen aus Ecuador: »Ich wusste gar nicht, wie man bügelt – meine Mama hat das immer für mich gemacht. Das war herrlich. Am Tag bevor ich hierher gekommen bin, habe ich angefangen bügeln zu lernen. Aber jetzt kann ich das sehr gut. Putzen konnte ich auch nicht. Meine Tante hat mir alles gesagt. Aber jetzt kann ich das schon.«

Selbstverständlich gilt das nicht für alle – viele Frauen konnten sehr wohl bereits putzen, als sie damit begannen, ihre Dienste gegen Bezahlung anzubieten. Aber etliche, vor allem Jüngere, hatten wenig bis keine Ahnung von Hausarbeit und qualifizierten sich dann allmählich durch *learning by doing*. Selbst für Frauen, die noch nie in ihrem Leben jemals zuvor einen Staubsauger in der Hand hatten, war es in Gegenden mit einer entsprechenden Nachfrage in der Regel gar kein Problem, im Handumdrehen ausreichend Beschäftigung als Putzfrau zu finden.

Die weitverbreitete Annahme, es gäbe noch Traditionalitätsreserven bei Frauen aus ökonomisch weniger privilegierten Ländern, die sich in einer gleichsam »natürlichen« Fähigkeit zum Hausputz manifestieren, ist die zeitgenössische Variante von immer noch wirkungsmächtigen Klischeevorstellungen über Männlichkeit und Weiblichkeit, die bei uns eine lange Geschichte haben. Die zentrale Idee dabei ist, dass Frauen und Männer nicht nur biologisch verschieden, sondern kraft ihrer Geschlechtszugehörigkeit von Natur aus prädestiniert sind für unterschiedliche Aufgaben und Arbeitsverrichtungen, welche sich in qualitativ unterschiedlich zu bewertenden Aufenthaltsorten abzuspielen haben. Solche Gedanken kamen in Europa mit dem Siegeszug des Bürgertums vor gut 200 Jahren auf und breiteten sich in der Folgezeit in allen Bevölkerungsschichten aus. Sie prägten und prägen noch heute unsere Normen von Beruf und Familie und der jeweiligen Charakteristika der Geschlechter. Niemand hat diese Vorstellungen schöner zum Ausdruck gebracht als Friedrich Schiller in seinem berühmten »Lied von der Glocke«, das viele Generationen von deutschen Schulkindern noch auswendig lernen mussten. Draußen findet die Jagd des Mannes in der feindlichen Welt statt, sein Platz ist die Öffentlichkeit, seine Aufgabe das Risiko; drinnen entfaltet sich der Fleiß der Frau zum Guten, dort wirkt sie segensreich in einem auf das Haus beschränkten Kreis – so die Idealvorstellung des Bürgertums vom angemessenen Verhältnis und Verhalten der Geschlechter. Diese Geschlechterpolarität hat nicht nur das Denken und Handeln der Menschen über Generationen geprägt, sondern fand auch Eingang in viele Regelungen von Gesetz und Politik.

Seit etwa einer Generation werden derartige Vorstellungen bei uns bekanntermaßen massiv in Frage gestellt. Solche Annahmen über Männer und Frauen, mit ihren klar abgegrenzten Betätigungsfeldern, Arbeitsaufgaben und Persönlichkeitseigenschaften, thematisiert man heute eher als Geschlechterstereotype, die es möglichst zu überwinden gilt. Aber die von Schiller entworfenen Gegensätze zwischen feindlicher Welt und freundlichem Haus, draußen jagendem Mann und drinnen herrschender häuslicher Frau leben in vielen Köpfen modifiziert weiter, so in der Vorstellung, in ärmeren Gesellschaften seien die Frauen und Männer mitsamt ihren traditionellen Aufgaben noch alle an ihren angestammten Plätzen. Man lässt sich offensichtlich auch nicht dadurch von dieser Klischeevorstellung abbringen, dass plötzlich eine junge Frau wie Carmen vor der Tür steht und um eine Stelle als Putzfrau nachfragt. Anstatt sich die Frage zu stellen, wie es kommen kann, dass eine angeblich so traditionelle Frau wie sie ihren vermeintlich auf das Häusliche beschränkten Aktionsradius verlassen kann, um vom anderen Ende der Welt allein nach Europa aufzubrechen, geht man selbstverständlich davon aus, dass sie sich auf alles Häusliche verstehen wird.

Warum machen sich Frauen ausgerechnet nach Deutschland auf?

Migrationsströme sind eingebettet in soziale, politische, historische, militärische und nicht zuletzt ökonomische Verbindungen von Staaten untereinander. Anders gesagt: Die Menschen machen sich nicht einfach beliebig auf den Weg, sondern ihre Migrationsziele sind das Resultat von solchen systemischen Strukturen. Diese erklären, warum bestimmte ethnische Gruppen, etwa aus Osteuropa, eher in Deutschland vertreten sind, während beispielsweise in Großbritannien eher Asiatinnen oder in Frankreich eher Nordafrikanerinnen anzutreffen sind.

Die konkreten Wege, die nach Deutschland führen, sind zahlreich und so verschieden wie die Frauen selbst. Und doch gibt es in den allermeisten Fällen eine zentrale Gemeinsamkeit: Die Reise nach München oder Hamburg wird nicht etwa deshalb angetreten, weil dort die Arbeitsbedingungen, die Wohnsituation oder die Lebensverhältnisse insgesamt so attraktiv sind. Die Entscheidung, nach Deutschland zu kommen und es dort an einem ganz bestimmten Ort zu versuchen, hängt in der

You think about

going to Germany .....

© FJM

Regel eng damit zusammen, dass man jemanden kennt, der an diesem Ort bereits lebt und arbeitet.

Etliche der Frauen, mit denen ich gesprochen habe, haben Netzwerkbeziehungen, die den halben Globus umspannen. Sie hätten deshalb bei der Entscheidung grundsätzlich mehrere Länder zur Wahl gehabt. Deutschland ist auch nicht unbedingt die erste oder die letzte Station auf ihrem Weg aus der Heimat.

So stand für die zitierte Carmen aus Quito, 23 Jahre alt, bereits seit langem fest, dass sie eines Tages ins Ausland wollte, bevor sie nach München kam. Aber sie hatte die Qual der Wahl, wohin sie gehen sollte. Carmen hat Verwandte in mehreren Ländern, die alle bereit gewesen wären, ihr bei einem Neuanfang fern der Heimat zu helfen. Da gibt es neben mehreren Verwandten in Nordamerika zum Beispiel ihre Tante Cristina, die in Spanien als Putzfrau arbeitet, sowie den Bruder der Mutter, auch in Spanien, dessen Frau als Illegale einen alten Mann rund um die Uhr versorgt. Dann gibt es noch ihre Tante Ana in Israel, die seit zwei Jahren dort ebenfalls als Putzfrau tätig ist. Carmen entschied sich für München, weil hier Lucia, die beste Freundin ihrer Mutter, schon lange als Putzfrau arbeitet und seit vier Jahren mit einem Deutschen verheiratet ist. Ihr stand Carmen emotional am nächsten, weil sie mit Lucias Tochter Sara gemeinsam aufgewachsen war. Als Lucia Ecuador verließ, um nach Deutschland zu gehen, gab sie ihre kleine Sara Carmens Mutter zur Betreuung, so dass Carmen und Sara wie Schwestern großgezogen wurden. Bereits damals war abgemacht, dass Lucia als Gegenleistung für die Betreuung von Sara durch ihre Freundin eines Tages Carmen dabei behilflich sein würde, in Deutschland Fuß zu fassen.

Die zentrale Bedeutung der persönlichen Verbindungen als Faktor bei der Entscheidung für ein Migrationsziel wird daran deutlich, dass auch Frauen aus geographisch näher liegenden Ländern wie Polen nicht unbedingt den ihrer Heimatstadt nächstgelegenen Ort in Deutschland ansteuern, sondern im Zweifelsfall oft lieber längere Anfahrtswege in Kauf nehmen, um dort von der Hilfe von Bekannten und Verwandten profitieren zu können. Die sozialen Kontakte sind ein Startkapital, auf das man in der Fremde weniger verzichten kann als auf andere Ressourcen. So entschied sich die Polin Oliwia für München, weil eine Freundin bereits dort arbeitet, obwohl Berlin örtlich für sie wesentlich näher an ihrer Heimatstadt in Polen läge.

Deutschland ist wegen der Sprache ein problematisches Land für viele Frauen, die sich in Englisch oder Spanisch sprechenden Ländern oft leichter täten. Dennoch können die Netzwerkbeziehungen wichtiger sein als die Sprachbarriere.

Pamela aus Ghana kam nach Hamburg, weil ihre Mutter und ihr Bruder bereits hier leben, obwohl sie kein Deutsch, aber fließend Englisch spricht und sie zwischenzeitlich auch vorhatte, nach London zu gehen, wo es für sie sprachlich wesentlich einfacher gewesen wäre. Paula und ihre Tochter Alba aus Ecuador entscheiden sich gegen Spanien, wo ebenfalls Verwandte leben, und für Deutschland, obwohl sie kein Deutsch können, weil eine Schwester von Alba mit ihrer Familie bereits in Hamburg wohnt. Bei ihrer Entscheidung spielt auch eine Rolle, dass sie als Indios vom Rassismus der Spanier überzeugt sind und die Hoffnung haben, in Deutschland weniger arrogant behandelt zu werden als in Madrid.

Eine besondere Gruppe bilden die Frauen, die sich nicht bereits im Ausland für den Weg speziell nach Deutschland entschieden haben, sondern hier eher zufällig geblieben sind. Dazu gehören etwa Hausangestellte von in Deutschland lebenden Ausländern, wie Diplomaten u.a., die sich dafür entscheiden, lieber in die Illegalität abzutauchen als ihren Arbeitgebern zurück in die Heimat zu folgen. So erzählt Julia aus Honduras, die als Angestellte einer Diplomatenfamilie nach Deutschland gekommen ist, sie habe beschlossen, als Illegale in Hamburg zu bleiben, wo sie schon seit einigen Jahren lebt und arbeitet, anstatt mit ihrer Arbeitgeberin mitzugehen, als diese versetzt wurde.

Von einer einschlägig arbeitenden Beratungsstelle für ausländische Frauen wird mir berichtet, dass in jedem Sommer einige vor allem philippinische Hausangestellte reicher saudiarabischer Familien den Aufenthalt ihrer Arbeitgeber in München dafür nutzen, sich aus ihrer Abhängigkeit zu befreien und in die Illegalität in Deutschland abzutauchen.

Wie in anderen Migrantengruppen auch, spielen eine Reihe von sehr unterschiedlichen Faktoren für die Entscheidung, die Heimat zu verlassen und sich nach Deutschland auf den Weg zu machen, eine Rolle. Das ökonomische Motiv ist dabei nur ein Aspekt, wenn auch ein sehr wichtiger. Faktoren wie Abenteuerlust oder der Wunsch, ein neues Land kennen zu lernen oder eine Fremdsprache zu lernen, haben durchaus ebenfalls Gewicht, gerade bei den jüngeren Frauen.

Nicht selten sind spezifische Familienkonstellationen das Zünglein an der Waage, dass sich eine Frau tatsächlich zur Migration entschließt. In etlichen Fällen war es zumindest auffallend, dass veränderte familiale Gegebenheiten und nicht nur ökonomische Überlegungen der Auslöser für die Entscheidung, nach Deutschland zu migrieren, waren. Arm waren alle Frauen schon länger – oft musste noch etwas Zusätzliches in der Familie geschehen, damit sie sich zur Migration entschieden.

Für Marta war es der plötzliche Tod ihres Mannes. Denn als alleinerziehende Mutter sah sie mit einem Einkommen als Angestellte in einem Uhrengeschäft keinen Weg, in Honduras genügend Geld zu verdienen, um ihrer Tochter eine gute Ausbildung zu ermöglichen. Hinzu kam, dass sie nach diesem biographischen Einschnitt selbst eine drastische Veränderung ihrer Lebensumstände wünschte.

Celina setzte sich kurzerhand ins Flugzeug von Ecuador nach Deutschland, als sie feststellte, dass sie schwanger war – allerdings nicht von ihrem Ehemann, sondern von ihrem Liebhaber. Sie befürchtete, dass ihr ohnehin gewalttätiger Ehemann sie umbringen würde, wenn er von ihrem folgenreichen Seitensprung erführe.

Maria Nowaks Entschluss, nach Deutschland zu gehen, nahm konkretere Formen an, als ihr klar wurde, dass ihr arbeitsloser Mann, bis dahin nur Gelegenheitstrinker, sein berufliches Schicksal nicht durch intensivierte Arbeitssuche, sondern durch die Intensivierung seines Alkoholkonsums bewältigen würde.

Familiale Überlegungen spielen aber auch in der Folgezeit eine große Rolle für die Frage, ob man weiter in Deutschland bleiben oder heimkehren soll. Solange sich die Frauen darauf verlassen können, dass die Kinder zu Hause gut aufgehoben sind, ist die Verpflichtung, die für ihre

Versorgung notwendigen ökonomischen Ressourcen zu erwirtschaften, immer wieder die Motivation, in Deutschland durchzuhalten, auch dann wenn sie längst gern das Handtuch werfen würden.

Julia, die seit elf Jahren in Hamburg lebt und arbeitet, hat ihre Kinder in Honduras zuletzt vor vier Jahren gesehen. Ihr Leben besteht seit Jahren nur aus Arbeit – sie verlässt ihre Wohnung spätestens um 7 Uhr, um insgesamt elf Hamburger Haushalte zu versorgen, und kommt an den meisten Tagen nicht vor 20 Uhr nach Hause. Gelegentliche psychische Tiefpunkte bewältigt sie dadurch, dass sie sich klar macht, dass sie durchhalten muss, um die Ausbildung ihrer Kinder zu ermöglichen. Ihr Mann ist vor Jahren mit einer anderen Frau nach Miami auf und davon, und als alleinstehende Frau hatte sie keine andere Möglichkeit, ihren Kindern eine Hochschulausbildung zu finanzieren. Ihr Traum ist, dass ihre Tochter eines Tages Lehrerin werden könnte.

Die Härte der Lebensbedingungen für Kinder wie für Erwachsene im Heimatland einerseits und das Faktum, dass es in den Herkunftmilieus der Frauen in der Regel nicht ungewöhnlich ist, dass Mütter ihre Kinder verlassen, um im Ausland zu arbeiten, führen dazu, dass die Trennung von den Kindern vor allem als notwendiger schmerzhafter Schritt thematisiert wird, der letztlich im Sinne der Kinder erfolgt. Gelegentlich ergeben sich zu Hause allerdings auch größere Familienprobleme, die, allen ökonomischen Überlegungen zum Trotz, die zumindest vorübergehende Rückkehr der Mutter erforderlich machen.

Maria Nowak schildert eine etwa zwei Jahre während besonders schwierige Phase, in der ihr Sohn die Schule vernachlässigt hat und die Tochter mit dem alkoholkranken Vater gar nicht zurechtkam. Beide Kinder machten der Mutter zudem Vorwürfe, dass sie so lange allein gelassen wurden. In diesen Jahren unternahm Frau Nowak immer wieder nicht geplante »Krisenbesuche« nach Polen, um in der Familie nach dem Rechten zu sehen. Sie schildert diese Zeit als eine ständige Gratwanderung zwischen der Notwendigkeit, die finanzielle Lebensgrundlage für ihre Familie zu schaffen, und der ebenso drängend empfundenen Notwendigkeit, auch tagtäglich für ihre Kinder da zu sein.

Die Bedeutung von familialen Faktoren sollte aber nicht darüber hinwegtäuschen, dass es (abgesehen von politischen Faktoren) in erster Linie ökonomische Überlegungen sind, welche die Migrationsentscheidung begründen. Dabei sind es keineswegs die Ärmsten der Armen, die sich auf den Weg nach Deutschland machen, um für sich und ihre Familien ein besseres Leben zu erwirtschaften. Denn Migration kostet Geld. Und es sind auch typischerweise nicht die Frauen ohne Qualifikation, die sich auf den Weg nach Deutschland machen. Den Aufbruch in ein fremdes Land, dessen Sprache man nicht beherrscht und in dem man noch dazu illegal arbeitet, muss man sich erst einmal zutrauen. Diesen Schritt erfolgreich zu absolvieren, setzt nicht nur persönliche Courage, sondern auch einiges an Schlüsselqualifikationen voraus.

Biographie im Gepäck: Ressourcen und Belastungen aus dem früheren Leben

Anhand der Biographien der Putzfrauen wird deutlich, dass sie vieles in der Heimat gelernt haben, was sie für ihre Arbeit und Lebensführung in Deutschland nutzbar machen können, auch wenn ihre formalen Ausbildungen nicht in entsprechende Berufspositionen in Deutschland münden. Denn so gut wie alle Putzfrauen haben in ihrem Herkunftsland irgendeine Ausbildung absolviert und haben zum Teil in qualifizierten Berufen gearbeitet, zum Beispiel als Büroangestellte oder Handwerkerinnen, im Gesundheits- und Bildungsbereich oder auch in technischen Berufen. Aber bei den gegebenen gesetzlichen Regelungen in Deutschland konnten sie ihre höhere Qualifikation und berufliche Vorbildung nicht in ausbildungsadäquate Beschäftigungsverhältnisse umsetzen. Für die Frauen ohne Papiere gilt das erst recht.

Hier findet also nicht nur ein sogenanntes *brain drain* aus den Heimatländern dieser Frauen statt, wenn deren dort erworbene und finanzierte Qualifikation aus welchen Gründen auch immer im Heimatland nicht zum Einsatz kommt. Es handelt sich auch um einen sogenannten *brain waste* in Deutschland, also die vielfache Verschwendung von Humankapital. Das berufliche Dilemma dieser Frauen besteht meist darin, dass ihnen ihre Ausbildung in ihren Heimatländern nichts nützt, und in Deutschland können bzw. dürfen sie ihre gute Ausbildung nicht für adäquate Beschäftigungsverhältnisse nutzen. Trotzdem fließen viele in der Ausbil-

© Til Mette

dung erworbene Qualifikationen, in Form von Schlüsselqualifikationen wie soziale Kompetenz, Einfühlungsvermögen, Frustrationstoleranz, Belastbarkeit und Zuverlässigkeit, auch in ihre Tätigkeit im Haushalt ein.

Selbst die spezifische Fachqualifikation ist manchmal nützlich und wird gelegentlich sogar als Auswahlkriterium bei der Einstellung einer Putzfrau genutzt. So berichtete mir eine ältere Arbeitgeberin, die seit vielen Jahren Putzfrauen aus Osteuropa und Lateinamerika beschäftigt, dass sie darauf achtet, Frauen einzustellen, die im Heimatland im Krankenhaus gearbeitet haben, ob als Röntgenassistentin oder als Krankenschwester. Denn bei diesen Frauen könne sie davon ausgehen, dass sie in ihrem früheren Berufsleben hohe Sauberkeitsstandards verinnerlicht hätten und ihnen sorgfältiges und gründliches Putzen selbstverständlich sei.

Nicht nur jene Qualifikationen, die sie in der formalen Berufsausbildung erworben haben, kommen den Frauen zugute, wenn sie sich in Deutschland zurechtzufinden versuchen. Besonders bei den Frauen aus Lateinamerika ist mir aufgefallen, dass für sie die in der Heimat gelernte Subsistenzorientierung als biographische Ressource wirksam wird, um sich auch in Städten wie Hamburg oder München irgendwie durchzuschlagen. Wenn es darum geht, genügend Geld zu verdienen, sind solche Frauen nicht nur sehr flexibel, was ihre Verdienstquellen anbelangt, sondern auch überaus erfinderisch. Dabei knüpfen sie gelegentlich an Erwerbstraditionen an, die in Deutschland so gut wie unbekannt sind, in ihren Heimatländern aber nichts Ungewöhnliches darstellen. Die Arbeitsweise von Celina Gonzales, die in Ecuador zuletzt als Fremdsprachensekretärin gearbeitet hat, ist hierfür ein gutes Beispiel. Celina verdient seit ihrer Ankunft in Hamburg ihren Lebensunterhalt immer mit mehreren und unterschiedlichen Jobs gleichzeitig, ob als Putzfrau, in den Bars von St. Pauli, in einer Wäscherei oder als »Hausangestellte« ihrer Mitbewohnerinnen. Und dann kommt sie noch auf die Idee, man könnte in der Kochnische einer 32-qm-Wohnung, in der acht Menschen leben, im größeren Stil ecuadorianisches Essen für weitere Personen gegen Bezahlung zubereiten.

Dass Frauen in ihren beengten Privatwohnungen Essen kochen und auf der Straße verkaufen oder an die Angestellten in den umliegenden Büros liefern, ist eine Erwerbsstrategie, die in den Städten Lateinamerikas durchaus üblich ist. In einer Stadt wie Hamburg, mit ihren vielen diesbezüglichen gesetzlichen Regelungen, von der Gewerbeanmeldung bis zu den Lebensmittelhygienevorschriften, ist es kein Zufall, dass es ausgerechnet einer vor kurzem zugezogenen Lateinamerikanerin einfällt, Beruf und Familie durch die Gründung eines privat betriebenen Essendienstes zu verbinden. Innerhalb der ethnischen Communities gibt es noch viele Beispiele für derartige aus der Heimat »mitgebrachten« Dienstleistungstraditionen – von der privaten Maniküre bis zum Getränkeverkauf im Park –, auf die Frauen aus diesen Ländern zurückgreifen und die ihnen dabei helfen, sich in Deutschland finanziell auch dann durchzuschlagen, wenn es gerade nicht möglich ist, sich ausschließlich mit der Arbeit im privaten Haushalt über Wasser zu halten.

Es wäre aber nur die halbe Wahrheit, würde man biographische Erfahrungen vor der Migration nur als Ressource und nicht auch als gelegentliche Belastung thematisieren. Wenn etwa eine ehemalige Lehrerin aus Polen in Deutschland ihren Lebensunterhalt mit Putzen bestreiten kann, ist dies häufig mit einer großen Unzufriedenheit verbunden, ihre Ausbildung nicht in eine entsprechend qualifizierte, interessante und gesellschaftlich anerkannte Tätigkeit umsetzen zu können. Dies gilt auch, wenn der Verdienst einer deutschen Putzfrau deutlich mehr beträgt als ein Lehrerinnengehalt in der Heimat. Für keine Frau, der ich bisher begegnet bin, war die Tätigkeit als Putzfrau ein Wunschberuf, auch wenn viele ihre Arbeit nicht ungern verrichten. Die jüngeren Frauen betrachten das Putzen ohnehin nur als Übergangsphase und als Sprungbrett in ein besseres Leben. Sie haben die Hoffnung noch nicht aufgegeben, irgendwann den Absprung aus der Beschäftigung im privaten Haushalt zu schaffen. Sie haben beispielsweise vor, sich durch Putzen ein Studium zu finanzieren oder die materiellen Voraussetzungen für eine gesicherte Existenz in der Heimat zu schaffen. Einige träumen davon, einen deutschen Mann zu heiraten, um dann nicht nur noch im eigenen Haus putzen zu müssen, sondern auch eine andere Arbeit finden zu können.

Carmen zum Beispiel will nach Ecuador zurückkehren, um dort Touristik zu studieren. Mit ihren inzwischen guten Kenntnissen der englischen wie der deutschen Sprache, die sie sich als Putzfrau und Au-pair erworben hat, hofft sie mit etwas Glück auf eine gute Zukunftsperspektive in der Heimat. Marta spart auf eine *glorietta* – eine Art mobiler Kiosk, der in Honduras sehr verbreitet ist, mit dem sie für sich und ihre kleine Tochter eine Lebensgrundlage als Selbständige schaffen will. Dafür braucht sie 1500 Euro Startkapital.

Bei den älteren Frauen, die schon seit längerer Zeit putzen und sich ausrechnen können, dass es für sie keine andere Berufsperspektive mehr geben wird, herrscht allerdings eher Resignation vor, die nicht selten mit einer gewissen Bitterkeit einhergeht, dass es nicht gelungen ist, mehr aus dem eigenen Leben gemacht zu haben. Dies gilt ganz besonders dann, wenn der Schritt in die Migration sich auch im Kontext des eigenen Familienprojekts als problematisch erweist – was, wie noch zu zeigen sein wird, keine Ausnahme ist.

Wofür Netzwerkbeziehungen genutzt werden

Die überragende Bedeutung von ethnischen Netzwerkbeziehungen im Zusammenhang mit Migrationsentscheidungen und Migrationsbewegungen ist in der einschlägigen Forschung schon lange gut dokumentiert. Beileibe nicht nur bei der Entscheidung für eine bestimmte Stadt in Deutschland spielen diese Netzwerke eine zentrale Rolle, sondern in so gut wie allen Facetten des täglichen Lebens.

Die Frauen gehen nicht nur in eine bestimmte Stadt, weil sie dort jemand kennen, sondern sie leihen sich zum Beispiel im Rahmen des Netzwerks Geld für das Ticket sowie zur Überbrückung der ersten Zeit im fremden Land. Sie kommen erst einmal bei einem Mitglied des Netzwerks unter, bis sie eine eigene Wohnung gefunden haben, und ebenso bekommen sie die ersten Putzstellen typischerweise über die Kontakte des Netzwerks vermittelt. Hier finden sie Hilfe und Informationen nicht nur bei wichtigen Fragen wie bei der Erstorientierung oder im Krankheitsfall, hier finden sie auch Unterstützung bei den vielen großen und kleinen Fragen des täglichen Lebens – vom aktuellen »Tarif« für die Scheinheirat mit einem Deutschen bis zum Preis der Telefonkarten, die mancherorts an ganz bestimmten Kiosken unter Nennwert verkauft werden. Schließlich gibt es für die Frauen, besonders für diejenigen, die sich illegal im Land befinden, sonst auch kaum Ansprechpartner.

Angesichts ihrer herausragenden Bedeutung werden auch Verhaltensweisen innerhalb der ethnischen Netzwerke verständlich und nachvollziehbar, die in der deutschen Bevölkerung wohl eher als ungewöhnlich, wenn nicht sogar als Zumutung erlebt würden. Ganz selbstverständlich werden neben den Familienmitgliedern auch Unbekannte aus der ethnischen Community in einem sehr weitgehenden Sinn praktisch unterstützt. Dies nicht zu tun gälte als massiver Regelverstoß, selbst wenn es der Helferin größte Mühe kostet.

So ist mir mehrmals berichtet worden, dass nicht nur Einzelpersonen, sondern ganze Familien mit Kleinkindern bei Bedarf kurzfristig in der eigenen Wohnung aufgenommen wurden, wo sie zum Teil über Wochen und sogar Monate beherbergt wurden, und dass man umgekehrt in ähnlicher Weise bei anderen kurzfristig Unterschlupf gefunden hat, wenn es nötig war.

Als sich Celina Gonzales in ihrer ersten Woche in Deutschland wegen der Verhaftung ihrer Schwester überraschend allein in Hamburg wiederfand, konnte sie nicht nur selbstverständlich weiter in dem kleinen Apartment bleiben, in dem sie bei der Schwester zu Gast war, sie bekam von den ihr fremden Mitbewohnerinnen der Schwester auch anderweitige Unterstützung – man half ihr zum Beispiel, ihren ersten Job zu finden, und lieh ihr für ihre erste Zeit in Hamburg Geld zur Überbrückung. Diese Verlässlichkeit der Unterstützung bei allen größeren und kleineren Alltagsproblemen erklärt meines Erachtens zumindest zum Teil, warum Ereignisse, die unter anderen Umständen möglicherweise als äußerst krisenhaft thematisiert würden, wie der plötzliche Verlust der Wohnung oder einer Arbeitsstelle, manchmal mit erstaunlicher Gelassenheit berichtet werden. Sofern es sich um ein Ereignis handelte, das ganz pragmatisch unter Hinzuziehung der Hilfe anderer Menschen zu lösen war, stellten solche Erlebnisse zwar eine große Belastung, aber keine existentielle Krise dar. Denn auf pragmatische Hilfestellung konnten so gut wie alle zählen. Der Preis hierfür ist allerdings die fraglose Bereitschaft, anderen in solchen Fällen ebenso selbstlos umfassende Hilfe anzubieten.

Bei den Frauen, die schon seit längerer Zeit in Deutschland arbeiten, bilden nicht nur die Mitglieder der eigenen ethnischen Gruppe ihr alltägliches Hilfsnetzwerk. Auch einige der Arbeitgeberinnenhaushalte werden im Laufe der Zeit – allerdings in anderer Funktion – Teil davon und stellen eine wichtige Unterstützung dar. Dies betrifft vor allem die Suche nach weiteren Arbeitsmöglichkeiten, denn Mund-zu-Mund-Propaganda zwischen den deutschen Freundinnen, Verwandten, Kolleginnen und Nachbarinnen ist ein wichtiger Weg, wie Putzfrauen zu neuen Arbeitsstellen kommen. Eine gute Putzfrau kann bei einer entsprechenden Gesamtnachfrage darauf hoffen, dass sie »herumgereicht« wird.

Es gibt eine passive und eine aktive Variante, wie Putzfrauen mit Hilfe ihrer Arbeitgeberinnen Arbeit finden. In der passiven Variante kommt die Arbeitgeberin auf ihre Putzfrau zu und fragt, ob sie nicht noch zeitliche Kapazitäten frei hätte, um bei der Freundin X oder dem Kollegen Y zu arbeiten bzw. ob die Putzfrau eine Kollegin oder Freundin kennen würde, die eine entsprechende Arbeitsstelle sucht. Dann wird die Putzfrau selbst tätig und stellt den Kontakt zur Freundin X oder zum Kollegen Y her. In der aktiven Variante fragt die Putzfrau eine ihr bekannte Arbeitgeberin ihrerseits danach, ob sie nicht eine Familie in ihrem Bekanntenkreis kennt, die eine Frau zum Putzen sucht – für sich selbst, für die soeben angekommene Schwester oder Freundin. Für eine bewährte und gute Kraft setzen sich etliche Arbeitgeberinnen dann durchaus im

Rahmen ihrer Möglichkeiten ein und fragen zum Beispiel im Kolleginnenkreis herum. Eine etwas raffiniertere Variante der aktiven Strategie besteht darin, dass die Putzfrau für kurze Zeit zu viele Putzaufträge annimmt, mehr als sie »eigentlich« selbst bewältigen kann, um einigen Arbeitgeberinnen dann irgendwann mitzuteilen, dass sie wegen Arbeitsüberlastung leider nicht mehr kommen könne. Aber die damit entstehende Unannehmlichkeit sei so gut wie beseitigt, denn die wirklich tüchtige Schwester/Cousine/Freundin hätte noch Kapazitäten frei und wäre gern bereit, am selben Tag zur selben Zeit zu denselben Bedingungen für sie zu arbeiten.

Gelegentlich leisten die Arbeitgeberinnen auch Unterstützungen, die mit dem Putzen selbst in gar keinem Zusammenhang stehen, denn die Beschäftigung einer Frau aus einer ärmeren Region der Welt kann durchaus als eine kalkulierbare Entwicklungshilfe empfunden werden.

Mehrmals wurde mir beispielsweise über Hilfe bei der Wohnungssuche berichtet. In einem Fall kam es zur Vermietung einer Eigentumswohnung an die Putzfrau zu fairen Konditionen. In einem anderen Fall übernahm eine Arbeitgeberin die Patenschaft für den jüngsten Sohn ihrer Putzfrau und verpflichtete sich, kontinuierliche finanzielle Unterstützung bei seiner Schulausbildung zu leisten. Eine andere Arbeitgeberin unterstützte ihre junge Putzfrau nach ihrer Rückkehr nach Südamerika, ermunterte sie, in der Heimat eine Ausbildung aufzunehmen, und half ihr mit der Finanzierung ihres Studiums. In München nahm ich an einem Benefiz-Faschingsball teil, den Arbeitgeberinnen zugunsten eines brasilianischen Krankenhauses in der Heimatstadt einer Putzfrau organisiert hatten, und in Berlin wurde mir von einer »Soli-Party« zur Finanzierung einer Operation einer anderen Putzfrau berichtet.

Über die Beförderung von Menschen, Geld, Waren und Information

Es gibt viele Wege, wie Putzfrauen nach Deutschland kommen – direkte und verschlungene. Die einfachste Möglichkeit ist, offiziell als Touristin einzureisen, wie das beispielsweise Polinnen können, die hier arbeiten.

Diese Möglichkeit hatten auch Frauen aus Ecuador bis Juni 2003, als sich die gesetzlichen Regelungen änderten, und deshalb reisten bis zu diesem Zeitpunkt nicht nur Ecuadorianerinnen, sondern auch Frauen aus anderen lateinamerikanischen Ländern, beispielsweise aus Peru, als ecuadorianische Touristinnen getarnt ein.

Wenn man nicht den Umweg über ein anderes europäisches Land nimmt (viele Lateinamerikanerinnen kommen zum Beispiel aus Spanien), dann ist das Flugzeug naturgemäß das Beförderungsmittel der Wahl. Die Münchener Brasilianerin Andrea, die seit mehreren Jahren mit gefälschten Papieren gut etabliert in Deutschland lebt, fliegt nicht nur regelmäßig zu ihrer Familie nach Fortaleza, wo sie im Armenviertel aufgewachsen ist, sondern gelegentlich auch innerhalb Europas, um hier lebende Verwandte zu besuchen. Andrea berichtet über ihre Erfahrungen mit den verschiedenen Fluggesellschaften, und wie eine routinierte, global agierende Geschäftsfrau beschwert sie sich auch darüber, dass man sich inzwischen noch nicht einmal mehr auf das ehemals gute Essen bei Air France verlassen könne.

Innerhalb Europas sind die kostengünstigen Busse besonders beliebte Verkehrsmittel, um von und nach Deutschland zu kommen. Neben offiziell gemeldeten Firmen existieren etliche schwarzarbeitende billigere Kleinbusunternehmen, deren Fahrzeuge regelmäßig zwischen bestimmten Städten verkehren und die in den einschlägigen Kreisen bestens bekannt sind. Die Busse werden zum Transport von Paketen und auch Bargeld genutzt.

Als eine mir bekannte Polin eines Tages plötzlich ihr Zimmer räumen musste, bat sie mich um Unterstützung. Sie wollte ihren Fernseher und ihre Musikanlage, die sie nirgends unterbringen konnte, nach Hause befördern, und fragte, ob ich bereite wäre, ihre Sachen mit meinem Auto zu einer bestimmten Uhrzeit an einen bestimmten Platz in München zu fahren. So packten wir alles ein und fuhren einmal quer durch die Stadt zum Platz X. Dort war weit und breit zunächst gar nichts zu sehen, jedoch pünktlich zur vollen Stunde fuhr ein Kleinbus vor, und aus allen Winkeln tauchten in Sekundenschnelle bis dahin unsichtbare Menschen auf, überwiegend Frauen, und alle stiegen rasch ein. Wir luden den Fernseher, die Stereoanlage und die Boxen in den Kofferraum des Busses, es wurde eine ziemlich hohe Gebühr für den Transport entrichtet, der Fah-

Gültig ab/wazny od: 12.02.06

HAMBURG
040/24-14-27

BREMEN - HAMBURG - GDANSK - ELBLAG

Tel.: D 040 / 24 14 27
PL 058 / 301 55 25
301 45 52

Abfahrt/Wyjazd
Täglich / Codziennie

▲

18:00	BREMEN - ZOB	06:30
20:00	**HAMBURG - ZOB**	**05:00**
00:30	KOLBASKOWO - granica	00:20
01:00	SZCZECIN - Dw. PKS	23:50
03:00	KOSZALIN - parking k. PKP	21:20
04:00	SLUPSK - PKS	20:20
05:00	LEBORK - PKS	19:30
05:30	WEJHEROWO - Kociewska, p. MZK ..	18:50
06:00	GDYNIA - Dw. PKS/PKP	18:20
06:30	GDANSK - Dw. PKS	17:30
07:00	TCZEW - przyst. ZKM przy PKP	16:30
07:30	MALBORK - Dw. PKP	16:00
03:00	ELBLAG - Dw. PKP	15:20

Abfahrt/Wyjazd
Täglich / Codziennie

Preis: HH-Szczecin 35,- / 60,-€
HH-Elblag 40,-/ 70,- €
Ermäßigungen für Kinder/Studenten(bis 26)/Senioren(ab 60)/Stammkunden
FAHRPLANÄNDERUNG VORBEHALTEN!!!

rer bekam einen Zettel mit einer Telefonnummer in die Hand gedrückt, und schon war der Bus wieder weg. Das Ganze hatte keine fünf Minuten gedauert. Kurz vor dem Ziel in Polen, so wurde mir erzählt, würde der Fahrer per Handy den Sohn anrufen, der dann an dem entsprechenden Platz in der Heimatstadt bereits auf die Ankunft der Sendung warten würde.

Wie man Geld von Deutschland sowohl kostengünstig als auch sicher nach Hause befördert, ist ein weiteres Problem, für das mir verschiedene Lösungen begegnet sind. Wer nicht offiziell in Deutschland gemeldet ist, kann auch kein Bankkonto eröffnen. Das stellt insofern für den sonstigen Alltag in Deutschland keine größere Schwierigkeit dar, weil die Löhne in aller Regel ja nicht überwiesen, sondern bar ausgezahlt werden. Problematisch jedoch ist eine Überweisung an die Angehörigen zu Hause, wenn man keine offizielle Adresse hat. Am kostengünstigsten ist der persönliche Transport von Geld, wenn man nach Hause fährt, oder aber die private Beförderung von Bargeld durch Freunde und Bekannte. Allerdings ist das auch ein tendenziell gefährlicher Weg, der mit verschiedensten Risiken verbunden ist, von Verlust bis Diebstahl und Unterschlagung.

Western Union ist eine Bank, mit der man Geld auch ohne feste Adresse in alle Welt verschicken kann und die mit dieser Dienstleistung ausdrücklich Werbung macht. Western Union ist aber auch ziemlich teuer. Häufig schließen sich deshalb mehrere Personen zusammen, um Gebühren zu sparen, wenn sie einen Geldbetrag in die Heimat überweisen wollen. Die Plakate der Western Union-Werbekampagne mit Fotos von Kindern oder alten Menschen aus den Herkunftsländern der Migrantinnen und Migranten, die auf diese Zielgruppe gerichtet ist, sind mir nicht nur auf den Plakatwänden, Litfaßsäulen und in den U-Bahnen verschiedener Städte in Deutschland begegnet. Inzwischen habe ich die Western Union-Plakate als Indikator für eine größere Dichte von »Illegalen« in einem Stadtteil zu deuten gelernt, ob in Berlin oder Budapest, Athen oder New York, Genua oder Montreal.

Ein anderer Indikator ist die Präsenz von Call-Shops, die ihre Kunden mit billigen Telefonmöglichkeiten in alle Welt und dem Verkauf von Calling Cards locken. Das Handy ist für nicht gemeldete Putzfrauen ein so gut wie unentbehrliches Requisit, aber ebenso verbreitet sind Calling Cards, mit denen das Telefonieren von Festnetz zu Festnetz – etwa in

den Arbeitgeberhaushalten –, aber auch insgesamt billiger ist. Der telefonische Kontakt in die Heimat ist nicht etwa nur notwendig, um mit Angehörigen und Freunden in Verbindung zu bleiben, sondern gelegentlich durchaus auch, um die eigenen Arbeitsbeziehungen in Deutschland zu regeln. Nicht nur einmal habe ich davon gehört, dass Putzfrauen bei sprachbedingten Verständigungsschwierigkeiten mit ihren Arbeitgeberinnen die Schwester oder Freundin mit den besseren Deutschkenntnissen in Polen anriefen, die dann übersetzen halfen, was genau in der Wohnung in München wie zu erledigen sei oder wann und wo man die Kollegin der Arbeitgeberin, die auch eine Putzfrau sucht, erreichen könne.

Für die Frauen sind nicht nur ihre Jobs, sondern auch ihre Reisen in die Heimat schwere körperliche Arbeit, denn sie sind jedes Mal hochbeladen, wenn sie nach Hause fahren. Heimgeschleppt werden sowohl alle möglichen Geschenke für die Angehörigen als auch Waren des täglichen Lebens, die im Heimatland schwer oder nur teuer zu bekommen sind oder von denen man meint, dass die deutschen Produkte besser seien. In die andere Richtung werden vor allem landestypische Lebensmittel mitgebracht, aber auch gelegentlich Geschenke für die Arbeitgeberhaushalte, zum Beispiel eine Flasche Wodka zu Weihnachten oder ein Souvenir von einer Reise in die Heimat. So schleppt Oliwia jedes Mal, wenn sie nach Polen fährt, neben Geschenken und Kleidern für ihre Kinder eine riesengroße Schachtel Waschmittel mit nach Hause. Denn sie ist überzeugt davon, dass kein polnisches Waschmittel auch nur annähernd an die Qualität von Ariel oder Dash heranreicht.

Auch aus den Arbeitgeberhaushalten nehmen die Putzfrauen vieles mit nach Hause oder schicken es dorthin, wenn das, was hier weggeworfen würde, im Heimatland noch gut zu gebrauchen ist. Ein typisches Beispiel sind Elektrogeräte, deren Reparatur in Deutschland mehr kosten würde als die Anschaffung neuer Geräte, etwa kaputte Radios oder CD-Player, oder auch Gegenstände, die hierzulande nicht mehr gefragt sind, weil sie im deutschen Alltag durch andere Produkte ersetzt wurden.

Carmen hat schon mehrere Schreibmaschinen, die sie von ihren Arbeitgeberinnen bekommen hat, in ihre Heimatstadt geschickt. Sie erzählt, dass sie inzwischen von verschiedenen Leuten, die sie gar nicht kennt, Schreibmaschinen geschenkt bekommt, weil sich das herumgesprochen hat. Denn oft sei man in Deutschland froh, eine irgendwo herumstehende elektrische oder mechanische Schreibmaschine loszuwerden, die noch voll funktionsfähig ist und irgendwann einmal viel Geld gekostet hat, ohne sie wegwerfen zu müssen. Und in Quito könne man solche Schreibmaschinen noch sehr gut gebrauchen.

Am häufigsten werden die Putzfrauen nach meinem Eindruck von den Arbeitgeberhaushalten mit abgelegten Kleidern beschenkt. So gehört es zum typischen Arbeitsverhältnis, abgelegte Kleidung zuerst der ausländischen Putzfrau anzubieten, bevor man sie in die Altkleidersammlung gibt, sofern überhaupt irgendein persönlicher Kontakt zwischen Arbeitgeberin und Arbeitskraft besteht. Welche Funktion dieses

Ritual erfüllt und ob es etwa vor allem dazu dient, soziale Distanz zwischen Arbeitgeberin und Haushaltsarbeiterin zu signalisieren, wie mancherorts behauptet wird,[12] sei einmal dahingestellt. Auffallend ist, dass Arbeitgeberinnen nicht selten Kleidung, die nicht nur sie nicht mehr haben wollen, sondern die auch in den Heimatländern ihrer Haushaltshilfen niemand mehr tragen würde, ihrer Putzfrau schenken und diese damit zwingen, sich für jeden alten Plunder dankbar zu zeigen und eine Tasche voller Kleidung mitzunehmen – zumindest bis die Arbeitgeberin nicht mehr in Sicht ist.

Die Frauen entwickeln dann ihre eigene Strategien, solche Lasten wieder loszuwerden. Vor einiger Zeit gab es einen Bombenalarm am Münchener Ostbahnhof, ausgelöst durch eine dort abgestellte Reisetasche. Als die Polizei die Tasche unter großen Sicherheitsvorkehrungen aufmachte, entdeckte man darin nicht etwa einen Sprengsatz, sondern lediglich eine Menge alter Kleider. Ich bekam zufällig mit, wie dieser Vorfall in der Community der polnischen Putzfrauen diskutiert wurde. Das Gelächter war groß, denn die Frauen identifizierten sich sehr mit diesem Vorfall – man war davon überzeugt, dass es sich nur um das Werk einer Kollegin handeln könne, die es leid war, eine schwere Tasche mit geschenkten alten Kleidern, die in Polen auch kein Mensch mehr anziehen würde, noch weiterzuschleppen.

---

12 Vgl. Bridget Anderson, Doing the Dirty Work. The Global Politics of Domestic Labour, London/New York 2000.

V. Das Alltagsleben in Deutschland

In keinem anderen Lebensbereich waren die Erfahrungen der Frauen, die ich kennen gelernt habe, so vielfältig wie im Bereich des Wohnens. Besonders im Münchener Raum, wo die Nachfrage nach Haushaltshilfen groß, das Angebot an bezahlbarem Wohnraum aber auch für Einheimische sehr knapp ist, scheint es deutlich schwieriger zu sein, an eine günstige Wohnmöglichkeit zu kommen als an eine gute Arbeitsstelle. Selbst die Putzfrauen, die inzwischen relativ komfortabel wohnen, haben deshalb (nicht nur in München) meist eine ganze Reihe von problematischen Erfahrungen gemacht, bis es ihnen (falls überhaupt) gelang, eine vergleichsweise gute Unterkunft zu finden, in der sie aufgrund ihrer besonderen Lebenssituation oft jedoch nicht auf Dauer leben konnten.

Ich habe erst im Verlauf meiner Recherchen begriffen, dass Wörter wie »wohnen« und »Wohnungssuche« aus der Perspektive meiner Gesprächspartnerinnen vielfach nicht das Gleiche bedeuten wie für mich. So hat keine der Personen, mit denen ich es zu tun hatte, jemals erwähnt, eine Unterkunft über die in Deutschland üblichen Vermittlungswege wie Zeitungsannonce oder Makler bekommen oder dies auch nur versucht zu haben. Der Stellenwert der privaten Beziehungen, sowohl zu den Arbeitgeberhaushalten als auch zu Mitgliedern des eigenen ethnischen Netzwerkes, ist im Zusammenhang mit der Wohnungssuche dagegen von größter Bedeutung.

Manche Frauen wohnen inzwischen mehr oder weniger so, wie einheimische Frauen der gleichen sozialen Schicht hier auch wohnen – in passablen Wohnungen normaler Größe, mit angemessener Ausstattung, und sie bezahlen eine Miete, die sich im ortsüblichen Rahmen bewegt. Allenfalls unterscheidet sich ihre Wohnsituation dadurch, dass sie als nicht offiziell Gemeldete durch irgendwelche besonderen Beziehungen oder »Tricks« an ihre Wohnungen gekommen sind. So lebt Julia aus Honduras, die bereits seit elf Jahren in Hamburg ist, inzwischen in einer kleinen, nett eingerichteten Zwei-Zimmer-Wohnung mit Küche, Bad, Zentralheizung und Teppichboden im Parterre eines unauffälligen Miethauses in einem Arbeiterviertel von Hamburg. Ihre Wohnung gehört einem ihrer Arbeitgeber, der seiner langjährigen Putzfrau zu einer anständigen Wohnung mit einer für die Gegend normalen Miete verholfen hat, indem er ihr eine seiner frei werdenden Eigentumswohnungen vermietete. Zum Zeitpunkt unserer beiden Gespräche im Abstand von einigen Wochen war auch Julias Schwester dort anzutreffen. Meine Frage, ob ihre Schwester auch hier wohnt, beantwortet Julia mit einem klarem Jein. Die Schwester ist für »einige Zeit« zu Besuch, seit »ein paar Wochen«. Aber wie lange sie bleiben wird, das weiß im Moment niemand so genau.

Die Flexibilität und Unsicherheit der Lebensperspektiven sowie das Aufnehmen anderer, verwandter und nicht verwandter, Personen in der Wohnung ist in diesem Milieu so selbstverständlich, dass die Grenzen zwischen »wohnen« und »besuchen« nicht so scharf gezogen werden wie sonst in Deutschland üblich. Deshalb ist es mir manchmal trotz mehrmaliger Nachfragen nicht gelungen, herauszubekommen, wer nun eigentlich in einer bestimmten Wohnung »wohnte« und wer nur »zu Besuch« war. Irgendwann wurde mir klar, dass meine Frage nach diesem Unterschied falsch gestellt war, denn der Status quo im Hinblick auf das Wohnen war in etlichen Fällen ohnehin oft nur für einen Tag X festzustellen.

Die aus hygienischer Sicht problematischste Wohnsituation, die ich persönlich kennen gelernt habe, war die von Celina Gonzales, die in einem anonymen Wohnblock in der Nähe des Hamburger Hafens wohnte. Hier teilten sich acht bis neun Menschen eine kleine Zwei-Zimmer-Wohnung, bestehend aus einem Wohnzimmer mit Kochnische, einem winzigen Schlafzimmer und einem Badezimmer. Keine der Bewohnerinnen – alle Illegale aus Ecuador – hatte ein eigenes Bett, mit Ausnahme von Celinas Baby, für das ein Bettchen mit viel Spielzeug in einer Ecke des Wohnzimmers stand. Man schlief in Schichten je nach Tagesablauf und Arbeitssituation – die Bewohnerinnen arbeiteten in den umliegenden Bars, auf dem nahe gelegenen Straßenstrich, als Putzfrauen oder Büglerinnen einer Reinigung. Der Besitzer dieser völlig überteuerten Unterkunft kassierte im Jahr 2001 für die 32-qm-Wohnung 1300 DM Miete monatlich. Da sich aber so viele Menschen diesen engen Wohnraum teilten, war die monatliche Belastung pro Bewohnerin vergleichsweise erschwinglich. Diese für deutsche Verhältnisse haarsträubenden Wohnverhältnisse betrachteten die Bewohnerinnen, die alle erst relativ kurze Zeit in Deutschland waren, durchaus als einen Schritt nach vorn.

Denn fließendes warmes Wasser, eine Dusche oder einen Teppichboden hatten sie im Heimatland nicht. Celina stammt aus einem Viertel von Guayaquil, in dem eine ganze Straße von Ein-Raum-Häusern sich eine Latrine teilen musste. In ihrer Gasse liefen die Hühner und Schweine frei herum. Eines dieser kleinen Häuser teilte sie sich mit ihren Eltern, ihrem Mann, ihren drei Kindern und einem ihrer Geschwister. Bei unserer zweiten Begegnung hatte sich Celinas Wohnsituation deutlich gebessert; sie bezog gerade eine Drei-Zimmer-Wohnung mit 80 qm, die offiziell von einem Deutschen gemietet war. Hier wollte sie zusammen mit weiteren fünf Erwachsenen und ihrem Baby wohnen.

Die Anonymität in großen Wohnblocks wie auch in Studentenheimen, in denen einige der Jüngeren meiner Gesprächspartnerinnen lebten, trägt sicher dazu bei, dass nicht weiter auffällt, wenn es zu einem häufigeren Wechsel der Bewohnerinnen kommt oder eine neue Person für eine unbestimmte Zeit in einer Wohnung lebt. Außerdem wissen diejenigen, die es wissen wollen, durchaus, wo und wie Illegale wohnen, und sie werden aus unterschiedlichen Gründen toleriert. So berichtete mir die Sozialarbeiterin, über die ich den Kontakt zu dieser Gruppe von Ecuadorianerinnen in Hamburg knüpfte, dass alle einschlägig arbeitenden Profis im Viertel inklusive der Polizei wüssten, dass in diesem Wohnblock sehr viele Illegale wohnen.

In einer Asylbewerberunterkunft erfahre ich durch Kontakte in die äthiopische Community, dass sich ein dortiger Mitarbeiter angeblich durch sexuelle Dienste dafür bezahlen lässt, dass er über illegale »Besucherinnen«, die dann auch länger bleiben dürfen, hinwegsieht.

Die Wohnsituation einer nach Deutschland pendelnden Putzfrau verändert sich im Lauf der Zeit meist, ebenso wie ihre Arbeitssituation, so dass Phasen von improvisiertem Wohnen sich mit Phasen von vergleichsweise komfortablem Wohnen abwechseln können. Von den Frauen wird große Flexibilität verlangt. Oft genug sind der Zugang zu einer Wohnung und die Beziehung zu einem Arbeitgeberhaushalt in positiver oder negativer Weise miteinander verwoben.

Maria Nowak berichtet von verschiedenen schlechten und auch einigen recht guten »Wohnstationen« in ihren mittlerweile zwölf Jahren in München. In der Anfangszeit wohnte sie in einer aufgelassenen Mietskaserne der amerikanischen Streitkräfte, die viele illegale Polen in München

Anfang der 1990er Jahre als Schlafgelegenheit nutzten. Dies war eine belastende Erfahrung, denn dort übernachteten Dutzende von Menschen gleichzeitig, Frauen und Männer, und sie fühlte sich weder sicher vor sexueller Belästigung noch vor Razzien seitens der Polizei. Danach fand sie für längere Zeit Unterschlupf im Haus einer alten Frau im S-Bahn-Bereich, für die sie als Putzfrau arbeitete. Sie hatte ein großes möbliertes Zimmer, das sie eines Tages jedoch ziemlich überstürzt verlassen musste, als die Vermieterin plötzlich Angst bekam, von einem böswilligen Nachbarn wegen der Beherbergung von Frau Nowak angezeigt zu werden. Anschließend übernachtete sie eine Weile auf der Couch einer Freundin, die ein Untermietszimmer bei einer legal in Deutschland lebenden polnischen Familie bewohnte, bis ihr eine andere Arbeitgeberin, die Besitzerin eines Münchener Hotels, ein Zimmer unter dem Dach des Hotels anbot. Viele Jahre lang hatte Frau Nowak hier ein zwar eher provisorisch eingerichtetes, aber doch komfortables und zentral gelegenes Zimmer. Dusche und Küche teilte sie sich mit zwei anderen ausländischen Frauen, die ebenfalls im Hotel beschäftigt waren. Sogar einige Topfpflanzen konnte die Pflanzenliebhaberin anschaffen. Als es aber eines Tages wegen ihrer Arbeitszeit zu einer Auseinandersetzung mit der Hotelbesitzerin kam, wurde nicht nur ihr Arbeitsverhältnis fristlos gekündigt, sondern Frau Nowak wurde buchstäblich an die Luft gesetzt. Sie bekam mitten im Winter nur eine Woche Zeit, ihr Zimmer zu räumen und sich eine neue Bleibe zu suchen. Zunächst fand sie Unterschlupf bei einer alten alleinstehenden Nachbarin einer ihrer Arbeitgeberfamilien, die sie schon lange kannte. Bei ihr konnte sie vorübergehend mietfrei wohnen; als Gegenleistung kochte sie für die alte Dame und begleitete sie beim Einkaufen. Das empfand sie als großes Glück, denn Frau Nowak hatte nicht nur ihr Zimmer verloren, sondern auch die Verdienstmöglichkeit im Hotel, was über die Hälfte ihres Einkommens ausgemacht hatte. Ihre wichtigsten Einrichtungsgegenstände konnte Frau Nowak im Keller einer ihrer Arbeitgeberhaushalte unterbringen, die Topfpflanzen mussten verschenkt werden, alles andere warf sie weg oder schickte es für teures Geld nach Polen zurück. Frau Nowak hat dann ein kleines Untermietszimmer bei einem jungen, ebenfalls illegalen polnischen Ehepaar gefunden. Aber das sei keine Dauerlösung, denn der Altersunterschied zwischen ihnen sei zu groß, und in diesem kleinen Zimmer könnten ihre

Kinder nicht zu Besuch kommen. Seit kurzem hat Frau Nowak eine Putzstelle bei einer neuen Arbeitgeberin, einer älteren Frau, die in einem Reihenhaus nahe einer U-Bahn-Station wohnt, wo es ein schönes leer stehendes Einlieger-Apartment unterm Dach gibt. Nun spekuliert Frau Nowak darauf, dass sich diese neue Arbeitgeberin vielleicht irgendwann einmal darauf einlässt, sie in diesem Apartment wohnen zu lassen.

Größerer oder kleinerer Ärger über die Wohnsituation, den man aufgrund der Abhängigkeit einfach akzeptieren muss, und die Unsicherheit, ob und wie lange man in einer Wohnung bleiben kann, wenn man irgendwie unangenehm auffällt oder sich mit dem Vermieter überwirft, sind keine ungewöhnlichen Erfahrungen.

So erzählte Frau Nowak, sie habe schon längst ihren Arbeitsplatz im Hotel wegen ihrer launischen Chefin kündigen wollen, sich aber immer wieder doch noch zum Weiterarbeiten durchgerungen, weil sie auf das relativ schöne und zentral gelegene Zimmer angewiesen war. »Wir Polen sind stolz«, sagte sie, »aber ich konnte nicht stolz sein und alles hinschmeißen, wenn sie [die Arbeitgeberin] mich geärgert hat, ich musste einfach immer schlucken.«

Von einer Mitarbeiterin einer einschlägig arbeitenden Beratungsstelle in Berlin wurde mir der Fall einer polnischen Putzfrau erzählt, die mit ihrem Kind in einem Apartment untergekommen war, das sie von einem drogenabhängigen Mann unter der Hand gemietet hatte. Dieser stand eines Abends plötzlich vor der Tür und zog gegen die Abmachung einfach wieder ein, so dass die Frau und ihr Kind die Wohnung so lange unfreiwillig mit dem Junkie teilen mussten, bis sie, erst nach einigen Wochen, eine andere Bleibe fanden. Der Mann dachte nicht daran, die bereits entrichtete Miete zurückzuzahlen. Eine andere Polin, Mutter von drei Kindern, mietete ihre Wohnung ebenfalls von einem Junkie, der dem Hausbesitzer gegenüber als Hauptmieter fungierte. Als er mehr Geld brauchte, stand er eines Tages mit drei polnischen Männern vor ihrer Tür, die nun ebenfalls in der Wohnung untergebracht wurden.

Die Hamburgerin Paula erzählte, sie sei aus Angst davor, bei einer Razzia entdeckt zu werden, kurzerhand aus ihrer Wohnung ausgezogen und habe bei einem in einem anderen Stadtteil wohnenden chilenischen Bekannten sechs Monate lang auf der Couch geschlafen. Denn ihre Nachbarn, alle aus Ecuador wie sie, hätten ihren eigenen, für deutsche

Verhältnisse zu lauten Lebensstil ihrer Meinung nach allzu offensiv und auffällig nach außen getragen, Fußballspielen auf der Straße und laute Feste feiern inklusive. Es sei deshalb immer wieder zu Ärger mit den deutschen Nachbarn gekommen, und Paula ging davon aus, dass es nur eine Frage der Zeit wäre, bis die Polizei einschreiten würde. Und so war es auch – bei einer Razzia um vier Uhr morgens sind eines Tages über 50 Illegale aus ihrer Straße festgenommen und abgeschoben worden.

Arbeiten und Wohnen können in vielfältiger Weise miteinander verwoben sein. Nicht nur zwischen Arbeitgeberinnen und Arbeitnehmerinnen gibt es Verflechtungen und Abhängigkeiten. Es gibt auch unterschiedliche Spielarten der Verknüpfung von Wohnsituationen zwischen zwei (oder mehreren) Haushaltsarbeiterinnen, die sowohl ihre Wohnung als auch ihre Arbeitsplätze in einem bestimmten Turnus untereinander aufteilen.

Mir begegnet diese Wohnform das erste Mal im Gespräch mit der Münchener Lehrerin Pauline Ullmann, die als alleinerziehende Mutter ganztags arbeitet und eine 14-jährige Tochter hat. Sie hat die Vollzeitarbeit wieder aufgenommen, nachdem ihr Mann bei einem Verkehrsunfall tödlich verunglückt ist. Pauline Ullmann wohnt in einem Vorort von München, und ihre Mutter, die ihre wichtigste Stütze nach dem Tod des Mannes war, wohnt direkt nebenan; diese ist aber nach einer größeren Operation inzwischen selbst hilfsbedürftig. Mit der zusätzlichen Verantwortung für ihre kranke Mutter und für die beiden Haushalte kann Pauline nur deshalb voll berufstätig sein, weil ihr »zwei wundervoll zuverlässige polnische Putzfrauen«, wie sie sagt, zur Seite stehen. Die beiden sind Schwestern, die früher für Staatsbetriebe in Polen gearbeitet haben und nach dem Zusammenbruch des Sozialismus arbeitslos wurden. Seit einigen Jahren pendeln die Schwestern deshalb abwechselnd im Drei-Monats-Rhythmus mit einem Touristenvisum zwischen ihrer Heimatstadt in Polen und München in einer Art Drehtür-System; sie teilen sich ein Untermietszimmer in der Innenstadt und wechseln sich bei ihren illegalen Putzstellen ebenso ab wie bei der Betreuung der beiden eigenen Familien in Polen.

Solch verwobenen Wohn- und Arbeitsmodelle sind gerade bei Frauen aus Osteuropa verbreitet, so sehr, dass sich in der einschlägigen wissenschaftlichen Literatur dafür inzwischen der Begriff »das Modell polnische Cousinen« etabliert hat.

Schließlich gibt es auch Wohnformen, in denen weitreichende Abhängigkeiten sowohl zwischen Arbeitgebern und ihren Haushaltshilfen als auch zwischen den Beschäftigten selbst existieren, gerade dort, wo es um die Versorgung von alten Menschen geht. In einem Landkreis bei München, in dem viele wohlhabende ältere Menschen wohnen, wird mir von ungarischen Frauen berichtet, die als *live-ins* in den dortigen Villen leben und arbeiten. Sie wechseln sich paarweise in ihrem 24-Stunden-rund-um-die-Uhr-Dienst als Haushaltshilfen und Pflegekräfte bei alten, versorgungsbedürftigen Menschen ab. Nach einem Turnus von vier bis sechs Wochen in Deutschland fährt die eine Ungarin nach Hause zur eigenen Familie, wird dann von ihrer Kooperationspartnerin abgelöst und vice versa.

Gesundheit und Krankheit

Frauen verlassen ihr Heimatland mit der Vorstellung, für ein oder zwei Jahre in Deutschland zu putzen und in dieser Zeit genug Geld zu verdienen, um ein bestimmtes Projekt im Heimatland zu verwirklichen oder um ein aktuelles finanzielles Problem zu lösen, das als vorübergehendes begriffen wird. Aus ein oder zwei werden allerdings schnell drei, vier oder noch viel mehr Jahre. Etliche meiner Gesprächspartnerinnen drückten ihr Erstaunen darüber aus, wie lange sie schon in Deutschland sind und wie lange sie schon in Privathaushalten arbeiten.

In der Aufbruchsphase der Migration steht das Thema Krankheit nicht im Vordergrund, im Gegenteil. Denn eine gute körperliche Verfassung ist eine der wichtigsten Voraussetzungen, um sich überhaupt auf diesen Weg machen zu können. Dies stellte auch eine niedergelassene Ärztin aus einem Netzwerk von Spanisch sprechenden Ärzten und Therapeuten heraus, die sich u. a. um illegal in München lebende Lateinamerikanerinnen kümmern: »Die, die sich trauen, brauchen Mut und Gesundheit.«

Wenn man aber nicht nur privat für sich selbst putzt, sondern wenn die Arbeit im Haushalt über längere Zeit zum Beruf wird, und wenn man zeitlich so viel arbeitet, wie es nur irgend geht, um möglichst schnell möglichst viel Geld zu verdienen, wie das in diesem Personenkreis typisch ist, sind mehr oder minder gravierende gesundheitliche Probleme spätestens nach einigen Jahren nicht mehr die Ausnahme, sondern die Regel. Gerade bei den älteren Frauen, die ihrer Tätigkeit schon seit mehreren Jahren nachgehen, ist das Thema Krankheit immer präsent.

Frau Nowak kommt in unseren Gesprächen immer wieder auf ihre gesundheitliche Situation zurück. Ihre größte Angst ist nicht, einen ihrer Arbeitsplätze zu verlieren oder sich wieder eine neue Wohnmöglichkeit suchen zu müssen, sondern dass sie es irgendwann einmal körperlich nicht mehr schaffen wird, ihre Arbeit zu verrichten. Sie ist schon fünfzig und arbeitet seit zwölf Jahren als Putzfrau, mit den entsprechenden körperlichen Belastungen. Seit geraumer Zeit hat sie Schwierigkeiten mit ihren Beinen, vor allem mit Krampfadern, die ihr besonders in den heißen Sommermonaten sehr zu schaffen machen. Wenn sie in Polen ist, geht sie deshalb regelmäßig zum Arzt, der ihr aber ebenfalls seit geraumer Zeit nur noch empfiehlt, sich bald einer Operation zu unterziehen. Diese OP würde allerdings eine Schonzeit ohne körperliche Arbeit von mindestens drei, besser noch sechs Monaten erforderlich machen, und das kommt für Frau Nowak nicht in Frage, denn den Ausfall der Hauptverdienerin könnte sich die Familie nicht leisten. So wird der operative Eingriff immer weiter hinausgeschoben, und eine befriedigende Lösung für ihre gesundheitlichen Probleme ist nicht in Sicht. Frau Nowak arbeitet einfach mit zunehmenden Beschwerden weiter, solange sie es noch irgendwie schafft.

Für akute körperliche Erkrankungen gibt es inzwischen mancherorts medizinische Anlaufstellen auch für Menschen ohne Papiere, denn in den Metropolen ist das Problem der Gesundheitsversorgung von illegalen Ausländern mittlerweile bekannt. Deshalb sind seit einiger Zeit Initiativen von medizinischen Fachleuten wie auch von Privatpersonen entstanden, die aus humanitärer oder kirchlicher Überzeugung nach Wegen suchen, auch Patientinnen und Patienten ohne Krankenversicherung zu versorgen, unabhängig von ihrem Aufenthaltsstatus. Es muss sich nur in den ethnischen Communities herumsprechen, welche Ärzte gegen Barzahlung behandeln und welche Kliniken Notfonds für Akutfälle eingerichtet haben. Allerdings ist keineswegs sicher, dass diese Stellen bei dem entsprechenden Personenkreis immer bekannt sind, zum Beispiel bei Frauen, die erst seit kurzer Zeit in Deutschland arbeiten.

Mir sind andere Strategien, sich im Krankheitsfall zu helfen, begegnet. Bei den Frauen, die aus näher gelegenen Ländern einpendeln, ist es üblich, mit dem Arztbesuch so lange zu warten, bis man zum Beispiel wieder nach Polen kommt. Aushalten und Durchhalten scheint für viele die Devise zu sein, es sei denn, die Erkrankung lässt sich einfach nicht länger ignorieren. Vielfach greift man auch zur Selbstmedikation oder lässt sich von medizinisch versierten Personen im eigenen ethnischen Netzwerk helfen. Nicht nur wegen der damit verbundenen finanziellen Belastung, sondern auch wegen des Aufenthaltsstatus scheuen viele den Weg zum Arzt, was dann nicht nur für die Betroffenen selbst zum Problem werden kann, sondern auch für die Allgemeinheit, etwa wenn es sich um Erkrankungen mit Ansteckungsgefahr handelt. Eine andere bekannte, aber auch von den Betroffenen selbst nur zögerlich praktizierte Selbsthilfestrategie besteht darin, sich im Krankheitsfall ärztliche Unterstützung zu verschaffen, indem man die Krankenversicherungschipkarte einer anderen Person »ausleiht«.

Besonders schwierig ist der Umgang mit Erkrankungen, bei denen teure Laboruntersuchungen anfallen oder die eine längere Erholungsphase nach sich ziehen würden. Denn auch eine humanitäre Ärzteinitiative kann es sich nicht leisten, hohe Kosten für das Labor oder für Geräteuntersuchungen wie ein Kernspintomogramm, für Lohnfortzahlung im Krankheitsfall oder eine Rehabilitationsmaßnahme zu bezahlen. Schwierig wird es auch bei Erkrankungen, die eine längere stationäre Behandlung erfordern. Die eingangs zitierte Ärztin berichtete, dass den Frauen dann oft nichts anderes übrig bleibt, »als zum Sterben nach Hause zu fahren«.

Eine besondere Problematik stellen psychische Probleme dar. Die Psychotherapeutin einer Beratungsstelle für Menschen mit Migrationshintergrund schildert, dass auch illegal hier lebende Migrantinnen gelegentlich den Weg zu ihr in die Beratungsstelle finden, vor allem die besser Gebildeten unter ihnen. Neben der Einsamkeit, unter der so gut wie alle Frauen leiden, wenn sie ihre Familien im Heimatland zurückgelassen haben, und der Angst davor, dass ihr Status als Illegale entdeckt wird, stellt die schwierige Wohnsituation eine typische psychische Belastung dar. Die Frauen haben oft keinen Raum für sich allein, müssen sich ein Zimmer mit anderen teilen, schlafen bei jemandem auf der Couch oder in der Küche oder kommen bei Angehörigen unter. Geschildert wird als Beispiel der Fall einer kroatischen Klientin, die bei ihrer Schwester in deren Ein-Zimmer-Wohnung seit geraumer Zeit »vorläufig« wohnt. Der Freund der Schwester übernachtet auch die meiste Zeit dort, so dass die Klientin vom Intimleben der beiden alles mitbekommt und keine Möglichkeit hat, sich zurückzuziehen. Hinzu kommt für etliche, dass ihre unterqualifizierte Tätigkeit im Haushalt eine große Belastung darstellt, wenn zum Beispiel Architektinnen oder Lehrerinnen damit fertig werden müssen, dass sie wahrscheinlich nie mehr wieder ihrem Ausbildungsniveau entsprechend werden arbeiten können. Dies habe oft depressive Symptome und psychosomatische Erkrankungen zur Folge.

Bei einigen vor allem jüngeren Frauen, die längere Zeit als Illegale oder mit einem ungeklärten Aufenthaltsstatus hier gelebt haben und mit der Arbeit im Haushalt und anderen schweren körperlichen Arbeiten ihren Lebensunterhalt verdienen, fiel mir auf, dass sie gesundheitlich so lange »durchgehalten« haben, bis sie ihren Status legalisieren konnten. Massive Erkrankungen, die sich zum Teil vorher abzeichneten, brachen erst richtig aus, als sie es sich von ihrem Aufenthaltsstatus her »erlauben« konnten.

Miriam kam als unbegleiteter minderjähriger Flüchtling im Alter von 15 Jahren aus Afrika nach Deutschland und lebte zunächst in einer sozialpädagogischen Betreuungseinrichtung. Ihr Aufenthaltsstatus blieb über viele Jahre ungesichert. Auf eine Duldung folgte die nächste; die Duldungen wurden jahrelang im Turnus von vier Monaten verlängert. In dieser Situation war es so gut wie unmöglich für sie, eine Perspektive zu entwickeln, zum Beispiel im Hinblick auf eine Berufsausbildung. Wer will schon eine Auszubildende, von der man nicht weiß, ob sie in einem halben Jahr noch in Deutschland sein wird? Nach der Hauptschule zog Miriam aus der Einrichtung aus und bestritt ihren Lebensunterhalt mit der Tätigkeit als Aushilfe in verschiedenen Kantinen, eine schwere körperliche Arbeit, bei der sie laufend stehen und Getränkekisten und dergleichen heben musste. An mehreren Abenden der Woche und oft auch an den Wochenenden verdiente sie noch zusätzliches Geld durch Putzen in verschiedenen privaten Haushalten. Die ersten Rückenbeschwerden deuteten sich an. Nach über sieben Jahren in Deutschland zeichnete sich endgültig ab, dass der einzige Weg zu einem gesicherten Aufenthaltsstatus für sie über die Heirat mit einem Deutschen führen würde – ein Schritt, zu dem sie sich nicht nur aus finanziellen Gründen als allerletzte Notlösung entschließen wollte. Seit ihrer Eheschließung, die ihr endlich einen sicheren Aufenthaltsstatus gebracht hat und ohne Probleme verläuft, leidet Miriam an den verschiedensten Krankheitssymptomen, von manifesten und massiven Rückenproblemen bis zu einer neurologischen Erkrankung, die zu Gedächtnisstörungen geführt hat.

»Werktag« und »Feiertag«, »Arbeit«, »Freizeit« und »Urlaub« im Leben der Haushaltshilfen

Kulturelle Leitbilder und Klischeevorstellungen ändern sich nicht so schnell wie das tatsächliche Alltagsleben der Menschen. So sind wir alle noch gewohnt, den Tag gedanklich in Arbeitszeit und Feierabend und die Woche in Werktage und Wochenende zu unterteilen. Diesem Leitbild entsprechen auch viele der institutionellen Strukturen, denen man im Alltag begegnet und mit denen man dann irgendwie praktisch zurechtkommen muss – so etwa die Öffnungszeiten der meisten Schulen und Kindergärten, Behörden und Freizeiteinrichtungen. Tatsächlich hat sich jedoch hinsichtlich der Zeitstruktur unseres Alltagslebens in den letzten Jahrzehnten ein rapider Wandel vollzogen. Zum einen arbeitet nur noch eine kleine Minderheit der Beschäftigten von Montag bis Freitag vom Morgen bis zum Abend und hat dann zwei freie Tage am Wochenende. Die allermeisten Menschen haben inzwischen Arbeitszeiten, die irgendwie von diesem Muster abweichen – sie arbeiten beispielsweise in Teilzeit oder machen regelmäßig Überstunden, sie arbeiten in Schicht oder auch am Abend oder am Wochenende. »Abweichende« Arbeitszeiten hat es für bestimmte Berufsgruppen schon immer gegeben, so zum Beispiel für Polizisten und Schauspieler, Straßenbahnfahrer und Krankenpflegekräfte. Neu ist, dass ungewöhnliche bzw. unregelmäßige Arbeitszeiten sich verbreitet haben und inzwischen die meisten Berufstätigen in der einen oder anderen Weise davon betroffen sind.

Zum anderen müssen im heutigen Alltagsleben in der sogenannten Freizeit eine Fülle von Aktivitäten ihren Platz finden, die zwar nicht beruflich geregelt sind, sich aber auch nicht recht als das, was man sich im Allgemeinen unter Freizeit vorstellt, bezeichnen lassen – der Spaßfaktor hält sich in Grenzen bei solchen regelmäßig anfallenden Alltagstätigkeiten wie das Wegbringen der Flaschen zum Altglas-Container oder die Autowäsche in der Waschanlage oder unregelmäßigen Alltagsverrichtungen wie die Lohnsteuerjahreserklärung, das Lernen für eine Weiterbildung oder der Besuch des Elternabends im Kindergarten. In unserem Alltag muss vieles erledigt werden, was nicht Berufsarbeit, aber auch nicht Hausarbeit oder Freizeit im engeren Sinn darstellt.

Außerdem ist eine Tendenz zu beobachten, wonach die Grenzen zwischen Erwerbsarbeit und Privatleben sowohl zeitlich wie räumlich immer durchlässiger werden. Nicht nur Lehrer haben heute zu Hause einen Schreibtisch, dank Handy, Laptop und Internet arbeiten viele Menschen aus den verschiedensten Berufsgruppen an unterschiedlichen Orten. Zugleich verwischen sich die festen Grenzen zwischen ehemals klar getrennten Tätigkeiten und Lebenssphären – von Beruflichem und Privatem. Diese Entgrenzungsprozesse werden in der Forschung für höher qualifizierte Berufe schon länger beobachtet. Weniger Aufmerksamkeit haben derartige neue Grenzziehungen bisher im Leben von Menschen bekommen, die in untergeordneten Tätigkeitsbereichen arbeiten. Dabei sind ausländische Haushaltshilfen hierfür nachgerade ein Paradebeispiel. Im Rahmen ihres Arbeitslebens sind die Grenzen zwischen Werktag und Wochenende, Arbeitszeit und Freizeit, Beruf und Privatleben sehr durchlässig. Hier wird an einer alten Tradition im Arbeitsbereich Haushalt angeknüpft, denn wer dort tätig ist – ob als Hausfrau oder Dienstmädchen –, arbeitet immer schon »entgrenzt« und ist prinzipiell allzeit verfügbar.

Alle sieben Tage der Woche sind mögliche Werktage im Leben der Putzfrauen. Die Arbeitszeiten, die mir begegnet sind, variierten zwischen einigen Stunden pro Woche Arbeitszeit bis einige Stunden pro Woche Freizeit. Einige Frauen verdienten ihren Lebensunterhalt hauptsächlich aus anderen Quellen und hatten daneben noch ein oder zwei Putzjobs in Privathaushalten, zum Teil an den Abenden oder an den Wochenenden. Andere putzten in der Regel buchstäblich von morgens bis abends an sechs oder sogar sieben Wochentagen in verschiedenen Haushalten.

Die wöchentliche Arbeitszeitstruktur ergibt sich aus dem Kompromiss zwischen den Bedürfnissen der Arbeitgeberhaushalte, der noch »offenen« Zeiten im Budget der Putzfrauen und oft auch ihrem Bedürfnis, ihre Fahrzeiten möglichst kurz zu halten und deshalb Haushalte in räumlicher Nähe am selben Tag zu versorgen.

Julia versorgt elf Hamburger Haushalte, vor allem Familienhaushalte mit Kinder, aber auch einige Single-Haushalte. Sie verlässt ihre Wohnung täglich um 7 Uhr und kommt an einigen Tagen nicht vor 20 Uhr heim. Am Sonntag putzt sie bei einer Familie, am Mittwoch und Donnerstag an zwei verschiedenen Orten und am Montag, Dienstag und Freitag jeweils an drei, mit den entsprechenden Fahrzeiten dazwischen. Ihr freier Tag ist derzeit der Samstag – aber auch nur, weil sie für diesen Tag im Moment keine Aufträge hat. Wenn es einem »ihrer« Haushalte besser passen würde, würde Julia auch am Samstag arbeiten, so wie sie ihre Arbeitszeit insgesamt nach den Bedürfnissen ihrer Arbeitgeber und nicht nach irgendwelchen eigenen Vorstellungen einteilt.

Die Arbeitszeitstruktur im Jahresablauf hängt sowohl von den eigenen Verpflichtungen im Herkunftsland als auch von den Urlaubsplänen der Arbeitgeber ab. Vor allem die polnischen Putzfrauen, die regelmäßig in die Heimat pendeln, versuchen Kompromisse zu finden zwischen ihren eigenen Bedürfnissen (etwa danach, zu bestimmten Zeiten wie in den Schulferien ihrer Kinder zu Hause zu sein) und den Bedürfnissen der Arbeitgeber (zum Beispiel vor allem dann wegzufahren, wenn diese selbst in Urlaub sind). Manche versuchen diesbezügliche Unannehmlichkeiten für ihre Arbeitgeberhaushalte zu minimieren, indem sie für eine »Vertretung« während ihrer Abwesenheit sorgen, so dass eine kontinuierliche Pflege der jeweiligen Wohnung gewährleistet wird. Andere nehmen in Kauf, dass auf sie nach ihrer Rückkehr einfach mehr Arbeit wartet.

Grundsätzlich gilt: Wer nicht arbeitet, sei es, weil sie auf eigenen Wunsch ausfällt oder weil die Arbeitgeber verreist sind, verdient in der Regel auch nichts. Die Vorstellung, dass auch privat beschäftigte Putzfrauen ein Recht auf Urlaub und bezahlte freie Tage haben könnten, ist weder in den Köpfen der Beschäftigten noch in denen ihrer Arbeitgeberinnen verankert. Es ist nicht üblich, dass Putzfrauen offiziell bezahlten Urlaub bekommen; sehr wohl ist aber gang und gäbe, dass Arbeitgeber –

zum Teil auch sehr kurzfristig – ihre Abwesenheit ankündigen, wann immer es ihnen passt, und der Putzfrau mitteilen, dass diese deshalb ab sofort für einige Wochen nicht zu kommen brauche.

Wenn in Julias Arbeitgeberhaushalten Urlaubszeit ist, hat auch Julia »frei« – unfreiwillig, wie die meisten Putzfrauen, und ohne dass ihr dadurch entstehender Verdienstausfall ersetzt wird, wie ausnahmslos alle, mit denen ich gesprochen habe. In dieser Zeit muss sie eben mit weniger Geld auskommen. Julias Kommentar zu dieser Situation: »Zum Glück fahren ja nicht alle gleichzeitig in Urlaub.«

Carmen aus Ecuador sagt: »Dass ich bezahlt werde, wenn die in Urlaub fahren? Nein!? Da bin ich immer pleite!« Sie hat gegen dieses Arrangement aber auch nie protestiert und findet meine entsprechende Frage eher abwegig. »So etwas ist mir nie eingefallen«, sagt sie und lacht.

Was bedeuten Urlaub und Freizeit im Leben dieser Frauen? Urlaub im eigentlichen Sinn, zur eigenen Erholung, vielleicht sogar mit einer Ferienreise gekoppelt, kennen diese Frauen so gut wie gar nicht. Freie Zeit am Stück bedeutet beinahe ausschließlich Zeit für einen Besuch bei den Angehörigen im Heimatland. Aber nur in wenigen Ausnahmefällen wurde mir dabei von Freizeitaktivitäten im engeren Sinn berichtet – typischerweise wird auch dort weitergearbeitet.

Wenn Maria Nowak immer wieder für einige Wochen zu ihrer Familie nach Polen fährt, wartet auf sie dort vor allem mehr Hausarbeit. Denn in ihrer Abwesenheit werden bzw. wurden ihre Kinder von ihrem Vater bzw. der von ihr beschäftigten Rentnerin im Alltag versorgt. Aber für größere Projekte ist nach wie vor Frau Nowak als Hausfrau und Mutter zuständig. So verbringt sie ihre sogenannte freie Zeit zu Hause mit Vorkochen und Einfrieren, Frühjahrsputz und größeren Aufräumaktionen. »Ich putze hier und kriege Geld, und dann fahre ich nach Hause und putze weiter, nur umsonst«, sagt sie. Nur über Silvester gönnt sich Frau Nowak hin und wieder einige wirklich freie Tage und fährt mit der Familie in die Berge zum Skifahren.

Auch die tägliche »Freizeit« in Deutschland ist für sie, nicht anders als für viele einheimische berufstätige Frauen, nicht immer wirklich freie Zeit für die eigene Erholung, sondern je nach privater Lebenssituation manchmal nur Zeit für zusätzliche unbezahlte Arbeit. In ihrer freien Zeit in München hängen zum Beispiel Frau Nowaks Tätigkeiten an den

Abenden davon ab, ob sie nur für sich selbst sorgen muss oder ob eines ihrer Kinder bei ihr zu Besuch ist, was in den polnischen Schulferien in den letzten Jahren regelmäßig der Fall war. Wenn Frau Nowak allein ist, kann sie sich abends entspannen. Sie isst nur eine Kleinigkeit und hört dabei Musik oder sieht fern. Wenn die Kinder da sind, wird abends richtig gekocht, und dann wird es spät, bis Frau Nowak zur Ruhe kommt. Entsprechend ambivalent schildert sie diese Phasen. So sehr sie das Zusammensein mit ihren Kindern genießt – die damit entstehende abendliche Zusatzbelastung wird ihr nach einem langen Arbeitstag doch manchmal zu viel.

Bei den Frauen, die sich ohne Papiere in Deutschland aufhalten, kommt dazu, dass sie ihre Freizeitaktivitäten in der Öffentlichkeit aus Sicherheitsüberlegungen drastisch einschränken. Abgesehen davon, dass das Ausgehen in einer Stadt wie München oder Hamburg ziemlich kostspielig ist, sind sie bestrebt, möglichst nicht aufzufallen und zum Beispiel in Fahrkartenkontrollen zu geraten. Viele beschränken daher die Nutzung der öffentlichen Verkehrsmittel auf das Allernötigste wie die Fahrten zu ihren Arbeitsplätzen und Einkaufsorten. Sie vermeiden alle nicht unbedingt erforderlichen Wege und halten sich in ihrer Freizeit deshalb vor allem in der Wohnung auf.

Paula und ihre Tochter Alba, beide seit zwei Jahren in Hamburg, frage ich, ob sie schon einmal an der Alster waren. Nein, sagen sie, die Alster kennen beide nicht. Die 18-jährige Alba, die zur Schule geht, hat immerhin schon einmal davon gehört, ihre Mutter noch nicht einmal das. Dabei liegt die Alster von ihrer Eimsbütteler Wohnung höchstens 15 Minuten zu Fuß entfernt. Aber Paula verlässt die Wohnung nur, um zu ihren Putzstellen zu gehen oder am Sonntag nach der Kirche in den Park – nur nicht auffallen, ist ihre Devise. Die Elbe kennen die beiden auch nicht, zumindest nicht dem Namen nach.

Alltägliche Rückschläge

Improvisation, das Sich-schnell-neu-zurecht-finden-Müssen, die kurzfristige Suche nach Lösungen für größere und kleinere Probleme charakterisieren den Alltag der Putzfrauen. In gewisser Weise ist ihr gesamtes

Lebensarrangement ein ständiges Improvisieren, ihr Alltag gestaltet sich immer wieder krisenhaft, und entsprechend zahlreich sind die Berichte über wichtige und weniger wichtige Probleme und wie man mit ihnen fertig wurde. Akuter Geldmangel, der plötzliche Verlust der Wohnung oder die unerwartete Kündigung einer oder mehrerer Arbeitsstellen sind hierfür typische Beispiele.

Dabei gibt es sowohl charakteristische persönliche wie auch soziale Ressourcen, die bei der Problembewältigung in diesem Personenkreis eine wichtige Rolle spielen. Zu den persönlichen Ressourcen gehören zunächst einmal ein starkes Selbstvertrauen und die Überzeugung, dass »man es schon irgendwie schaffen wird«. Die Frauen sehen sich selbst in der Regel als stark, optimistisch und belastbar, und ihre charakteristische Grundeinstellung ist, dass Probleme zunächst einmal dafür da sind, gelöst zu werden. Obwohl verschiedene widrige Ereignisse, mit denen man fertig werden musste, durchaus als sehr belastend, manchmal sogar als existentiell bedrohlich dargestellt werden und die Betroffenen zum Teil sehr darunter gelitten haben, ist mir Selbstmitleid so gut wie nie begegnet, Zuversicht und Humor dagegen laufend.

Daneben ist Flexibilität im Hinblick auf Detailfragen von Arbeit oder Wohnung von sehr großer Bedeutung; es ist selbstverständlich, sich schnell und ohne große Umstände auf etwas ganz Neues einzulassen. Pamela aus Ghana betont, dass es für sie überhaupt nicht wichtig ist, ihr Geld weiterhin mit Putzen zu verdienen. Sie wäre im Falle eines Falles auch bereit, jede andere Arbeit anzunehmen. Möglicherweise kommen den Frauen ihre biographischen Vorerfahrungen in der Heimat für den Umgang mit alltäglichen Krisen in Deutschland zugute. In ihren Herkunftsländern, in denen ökonomische Sicherheit für viele Menschen ohnehin eine fast unbekannte Größe ist, qualifiziert man sich vielleicht besser als in einem Land wie Deutschland darin, zu improvisieren und mit widrigen Umständen vergleichsweise unkompliziert und kreativ umzugehen.

Dies gilt auch für Celina Gonzales, die als Antwort auf die plötzliche Anforderung, als alleinerziehende Illegale die ökonomische Lebensgrundlage für sich und ihr Kind zu schaffen und zugleich das Baby praktisch versorgen zu müssen, zusätzlich zu ihren Putzstellen von der Kochnische ihrer Wohnung aus ihren ecuadorianischen Essensdienst aufgebaut hat. Auch sie betont: »Hauptsache, ich habe irgendeine Arbeit.« Zugute kommt ihr heute, meint sie, dass sie bereits seit ihrem achten Lebensjahr für die Versorgung ihrer kleinen Geschwister verantwortlich war und dabei gelernt hat, hart zu arbeiten.

Ich interpretiere die typische, ausgeprägte Gegenwartsorientierung der Frauen auch als Ressource, im Sinne eines Selbstschutzes vor einem Übermaß an Problemen. Wie auch aus anderen Untersuchungen bekannt,[13] versuchen die Putzfrauen in kleinen Schritten und von Tag zu Tag mit den gerade anstehenden Anforderungen fertig zu werden, ohne dabei allzu sehr in die Zukunft zu schauen. Weil es ihre objektive Situation nicht zulässt, dass sich die Frauen endgültig in Deutschland niederlassen, kann die Vorläufigkeit des Aufenthalts zur Daueranname werden. »Ich habe immer die Frage im Hinterkopf, bleibe ich oder nicht«, sagte eine polnische Lehrerin, die seit Jahren als Putzfrau in Hamburg arbeitet.[14]

Meine Fragen nach den mittelfristigen Perspektiven und Plänen der Haushaltshilfen sind deshalb entsprechend oft ins Leere gelaufen, denn über ungelöste und in dieser Situation fast unlösbare Fragen wie etwa über die Alterssicherung mochten sie nicht nachdenken.

Zu den persönlichen Strategien zum Umgang mit Rückschlägen und Problemen gehört auch, dass die untergeordnete gesellschaftliche Position, die ihnen in Deutschland zugewiesen wird, nicht selten resignativ akzeptiert wird. Da man ohnehin unter den gegebenen Umständen keine Handhabe hätte, dagegen zu opponieren, arrangiere man sich eben auch mit Diskriminierungen.

Die dunkelhäutige Pamela aus Ghana sagte dazu: »This is not our land. If they say ›Neger‹ in their mind, if they say it to you – this is their land. Sometimes they don't like blacks – but you are in their land. You have to accept that.«

---

13 Vgl. z. B. Norbert Cyrus, »… als alleinstehende Mutter habe ich viel geschafft.« Lebensführung und Selbstversorgung einer illegalen polnischen Arbeitsmigrantin, in: Klaus Pohl (Hg.), Vom Wandergesellen zum »Green Card«-Spezialisten – Interkulturelle Aspekte der Arbeitsmigration im östlichen Mitteleuropa, Münster 2003.

14 Aus einem Interview im Rahmen der Ausstellung Geteilte Welten, Museum der Arbeit, Hamburg 2004.

Nicht nur persönliche, sondern auch soziale Ressourcen sind wichtig, um mit plötzlichen Krisen im Alltag fertig werden zu können. Hierzu zählt an erster Stelle die unbedingte Verlässlichkeit der ethnischen Netzwerkbeziehungen. Sofern man in diese Netzwerke eingebunden ist, kann man eher praktische Probleme wie etwa den Verlust der Wohnung zumindest für eine kurze Zeit so gut wie immer abfangen. In einer solchen Situation werden die eigenen Sachen bei der einen Bekannten abgestellt, bei einer anderen übernachtet man auf der Couch, und dann aktiviert man die Kontakte im gesamten Netzwerk, um eine neue Wohnmöglichkeit zu finden. Die Tragfähigkeit und Belastbarkeit der ethnischen Netzwerke ist meines Erachtens der Grund dafür, warum derartige praktische Krisen erstaunlich selten auch als psychische Krisen geschildert werden, sondern eher als vergleichsweise gut bewältigbare Belastungen, die vor allem Arbeit machen. Anders gesagt: Selbst große Probleme, die man mit der Unterstützung der anderen Menschen im ethnischen Netzwerk alltagspraktisch auffangen kann, sind in der Regel wesentlich einfacher zu bewältigen als Schwierigkeiten, mit denen man grundsätzlich allein fertig werden muss, wie etwa gesundheitliche Probleme, welche die eigene Arbeitsfähigkeit bedrohen.

Zu den wichtigen sozialen Ressourcen des Alltags zählen nicht nur die Mitglieder der eigenen ethnischen Community, sondern auch Deutsche. Hier sind in erster Linie die Arbeitgeberinnen zu nennen, auf deren Hilfe in mehrfacher Hinsicht zurückgegriffen wird. Neben den bereits an anderer Stelle erwähnten Hilfen bei der Arbeitsbeschaffung sind solche Hilfsleistungen typischerweise im Zusammenhang mit allen Anliegen anzutreffen, die mit offiziellen Stellen wie zum Beispiel Behörden zusammenhängen.

Eine ältere Arbeitgeberin, eine mehrsprachige Rentnerin, die vor ihrer Pensionierung in einem großen Münchener Betrieb als Direktionssekretärin beschäftigt war, erzählte, dass sie nicht nur mehreren ihrer eigenen Putzfrauen geholfen hat, in München Fuß zu fassen. Seitdem es sich herumgesprochen hat, dass sie sowohl verschiedene Sprachen spricht als sich auch im Dickicht der Münchener Kommunalverwaltung auskennt und noch dazu ein großes Organisationstalent besitzt, dient sie immer wieder als Anlaufstelle für Bekannte ihrer ehemaligen Haushaltshilfen, um mit Behördenangelegenheiten unterschiedlichster Art fertig zu werden, wie beim Versuch, den eigenen Aufenthaltsstatus zu legalisieren. Oft geht es aber auch um ganz einfache Dinge, wie zum Beispiel das Entziffern irgendeines in Amtsdeutsch verfassten offiziellen Schreibens.

Nach dem Beitritt Polens zur Europäischen Union wandte sich eine Polin an mich mit der Bitte, zu klären, wie dies ihren rechtlichen Status in Deutschland beeinflusse und ob es nun für sie möglich sei, offiziell in Deutschland Arbeit zu finden, beispielsweise im Rahmen der sogenannten Minijobs.

Besonders von den Arbeitgeberinnen, mit denen Beschäftigungsverhältnisse bereits über längere Zeit bestehen und zu denen sich deshalb ein intensiveres persönliches Verhältnis entwickeln konnte, wird auch über Unterstützung bei anderen Anliegen berichtet, sei es bei Geldproblemen oder Wohnungsfragen.

Die Frauen, mit denen ich persönlich gesprochen habe, hatten meines Wissens keinen direkten Kontakt mit den Institutionen in Deutschland, die Menschen ohne Papiere derzeit bei bestimmten Problemen als Anlaufstelle dienen können, wie einschlägige Beratungsstellen, Initiativgruppen und dergleichen. Der Vollständigkeit halber sei aber auch an dieser Stelle erwähnt, dass bestimmte Einrichtungen für Menschen mit Migrationshintergrund (mehr oder minder offen) auch Illegalen in unterschiedlicher Weise als Ressource dienen, ebenso wie manche Kirchengemeinden oder politisch bzw. humanitär motivierte Initiativen.

Zur Rolle von Religion und Kirche

Obwohl ich nie direkte Fragen zu den religiösen Überzeugungen der Frauen gestellt habe, fiel mir irgendwann die vergleichsweise große Bedeutung des Kirchgangs auf, der in den Schilderungen immer wieder auftauchte. Dieser konnte, musste aber nicht in Zusammenhang mit Religiosität stehen. In den Erzählungen mancher Frauen tauchte allerdings auch die Bedeutung ihres Glaubens auf, ohne dass ich danach gefragt hätte. Ein ausgeprägtes Gottvertrauen und die bisweilen starke Bindung an Religion war in etlichen Fällen hilfreich, um mit aktuellen Rückschlägen im Alltag fertig zu werden.

Julia sagte, ihr helfe immer das Gebet, um bei Problemen den richtigen Weg zu finden. Als Beispiel dafür erzählte sie folgende, schon Jahre zurückliegende Begebenheit: Einmal sei sie richtig am Boden zerstört gewesen, »dann musste Gott helfen«. Damals war sie ohne Wohnung und hatte sechs Monate lang keine neue Bleibe gefunden. Sie war so verzweifelt, dass sie hin und her überlegt hat, ob sie in Hamburg bleiben oder wieder in die Heimat zurückgehen solle. »Ich bete zu Gott für eine richtige Entscheidung. Ich habe gesagt, o Dios, ich möchte etwas entscheiden, ich brauche eine Wohnung. Wenn ich eine Wohnung finde, ist das ein Zeichen, dann bleibe ich. Wenn nicht, gehe ich nach Honduras zurück.« In dieser Zeit erzählt sie einer Arbeitgeberin, dass sie wegen ihrer Schwierigkeiten, eine Wohnung zu finden, an eine Rückkehr in die Heimat denkt, woraufhin deren Mann ihr die Zwei-Zimmer-Wohnung vermietet, in der sie noch heute lebt.

Für Marta ist ihr Glaube für die Bewältigung ihrer gelegentlich auftauchenden Zukunftsängste hilfreich. Sie beruhigt sich dann, wenn sie sich klar macht, dass »nur Gott weiß, was die Zukunft bringt«.

Vor allem sind mir Schilderungen im Zusammenhang mit Religion und Kirche für eher diesseitige, ganz praktische Fragen begegnet. Überall in den großen Städten Deutschlands finden muttersprachliche Gottesdienste für verschiedene ethnische Gruppen statt, und diese Gottesdienste sind im Leben vieler Putzfrauen nicht nur als Orte der Religionsausübung von Bedeutung, sie sind auch Anlaufstellen, um andere Menschen der eigenen ethnischen Gruppe zu treffen. Kirchen sind auch Begegnungsstätten, Orte des Informationsaustausches, für gegenseitige Hilfe und für Geselligkeit.

Auch Frau Nowak kommt auf das Thema Kirche im Zusammenhang mit ihren Erzählungen über ihre Strategien bei der Wohnungssuche. Sie erzählt, in der Kirche, die sie regelmäßig besucht, um die polnischsprachige Messe mitzufeiern, gäbe es ein Schwarzes Brett. Das ist ein Umschlagplatz für Wohnungsangebote und -gesuche sowie für andere einschlägige, wichtige Informationen.

Marta erzählt vom Gottesdienst im Zusammenhang mit meiner Frage nach ihrer sozialen Anbindung in Hamburg. An ihrem freien Tag gehe sie in eine ganz bestimmte Kirche. Dort findet ein deutscher Gottesdienst mit spanischer Übersetzung statt, dorthin kommen auch ihre Bekannten und Freunde. Anschließend isst man oft im Gemeindesaal, jeder bringt etwas mit, und man bleibt bis abends zusammen. Über diese Kirchengemeinde hat sie einen internationalen Freundeskreis kennen gelernt – nicht nur Menschen aus ihrer Heimat Honduras, sondern auch aus Peru, Chile, der Dominikanischen Republik und Bolivien. Inzwischen sieht man sich auch mal außerhalb der Kirchengemeinde, trifft sich bei der einen oder anderen in der Wohnung, verbringt die Freizeit zusammen, macht Musik und redet.

Für manche Frauen sind die Kirchen nicht nur in diesem praktischen Sinn wichtig. Sie setzen sich dafür ein, dass es eine eigene Kirche für sie auch in ihrer neuen Heimat Deutschland geben soll, wie einige Frauen aus der äthiopischen Gemeinde, die ich in München kennen gelernt habe. Dort werden große, für Menschen mit dem Einkommen dieser Frauen sogar sehr große Summen für die Kirche gespendet, und in ihrer freien Zeit veranstalten die Frauen öfter Benefizveranstaltungen mit dem Ziel, irgendwann einmal eine ganz eigene äthiopische Kirche in München bauen zu können – ein nicht gerade unambitioniertes Projekt angesichts der Münchener Immobilienpreise und der Einkommensverhältnisse innerhalb dieser ethnischen Gruppe.

Aus meinen Feldnotizen: Pfingstsonntag 2004 in Hamburg

Frau Garcia holt mich am späten Vormittag ab, und wir fahren mit ihrem Auto in eine katholische Kirche, zu einem spanischen Gottesdienst im Hamburger Süden. Mit im Auto sitzen Paula, ca. 55 Jahre alt, und ihre 18-jährige Tochter Alba, Freundinnen der Nachbarin von Frau Garcia, die beide etwa vor zwei Jahren nach Hamburg gekommen sind. Auf dem Weg in die Kirche erfahre ich ein wenig über die Familie der beiden. Paula hat acht Kinder geboren, zwei sind gestorben und vier leben in Ecuador. Nach der Trennung von ihrem Mann kam Paula mit der jüngsten Tochter Alba nach Hamburg, wo bereits eine ihrer anderen Töchter als Illegale mit ihrem Mann und dem dreijährigen Kind wohnte. Alba sollten dadurch bessere Zukunftsaussichten ermöglicht werden. Um die Tickets zu finanzieren, nahm sie einen Kredit auf, der mit 12 Prozent monatlich verzinst ist, und den sie noch immer abzahlt. In Hamburg schlägt sich Paula mehr schlecht als recht durch, denn sie hat nur noch zwei Putzstellen, nachdem zwei ihrer Arbeitgeber weggezogen sind. Sie kommt jedoch über die Runden, weil sie bei ihrer älteren Tochter wohnen kann, ohne Miete zu bezahlen.

Die finanzielle Situation der ganzen Familie ist sehr angespannt. Der Schwiegersohn arbeitet in einem italienischen Restaurant, in dem er manchmal seinen Lohn ganz ausbezahlt bekommt, manchmal nur zum Teil, manchmal gar nicht, was nach Aussage von Frau Garcia eine gängige Praxis in vielen italienischen Restaurants in Hamburg ist. Die ältere Tochter hat zurzeit keine Arbeit – sie finde keine, sagt ihre Mutter. (Später höre ich von anderen Frauen, dass sie gar nicht arbeiten will, weil sie in Ecuador ein Studium absolviert habe, sei sie sich fürs Putzen zu schade und versorge lieber als Hausfrau ihre kleine Tochter.) Alba besucht die Hauptschule und spricht, obwohl sie seit zwei Jahren auf Deutsch unterrichtet wird, so gut wie kein Deutsch – jedenfalls nicht mit mir. Sie hängt mehr an Deutschland als ihre Mutter, die gern nach Ecuador zurückgehen würde, wenn sie dort eine ökonomische Perspektive für sich sehen würde. Warum sie in Deutschland bleiben möchte, frage ich Alba, und ich erwarte eine Geschichte über einen Freund oder die Hoffnung auf eine gute Berufsperspektive. Albas verblüffende Antwort: Weil man hier unbehelligt schönen Schmuck tragen kann, ohne Angst haben zu müssen, die Ohrringe oder die Halskette würden einem sofort weggerissen!

An unserem Ziel angekommen, stelle ich an den mir inzwischen vertrauten Indikatoren fest, dass es in diesem Viertel viele Ausländer gibt – zahlreiche Afroshops, Call-Läden, einschlägige Lebensmittelgeschäfte. Vielen der Menschen auf der Straße sieht man ihre ausländische Herkunft an. Vor der Kirche stehen Gruppen aus verschiedenen Spanisch sprechenden Ländern. Die Messe wird auch hier inzwischen mit weiblichen und männlichen Ministranten abgehalten, und eine junge Frau trägt den Text der Lesung vor. In der Predigt erzählt der Pfarrer, er habe in der Zeitung gelesen, dass jedes fünfte Kind in Hamburg an einer psychischen Störung leide, was er auf den mangelnden Glauben und die Schwächung der Familie hierzulande zurückführt. Allgemeines Kopfschütteln und Entsetzen über die Zustände in den deutschen Familien bei der ausländischen Kirchengemeinde. Im Kollekte-Körbchen, das herumgeht, liegen nicht nur Münzen, sondern auch 5-, 10- und 20-Euro-Scheine.

Nach der Messe fährt Frau Garcia nach Uhlenhorst, um mir die Villa zu zeigen, in der sie die ersten sieben Jahre in Deutschland als Hausangestellte gearbeitet hat. Es ist das erste Mal, dass Paula und Alba die Alster sehen. Sie finden sie sehr schön und bewundern den Park. Der sei so schön leer, sagt Paula. Den Sinn dieser Bemerkung verstehe ich erst später, als ich den Park sehe, in dem die Ecuadorianer ihren Sonntag verbringen. Hier würde man im Winter etliche Afrikanerinnen in den schönsten und teuersten Kaschmirmänteln sehen, allerdings in unmodisch gewordenen Farben, sagt Frau Garcia. Die lateinamerikanischen Hausangestellten hätten es da nicht so gut, denn sie seien meist viel kleiner als ihre deutschen Arbeitgeberinnen, so dass ihnen deren abgelegte Kleider in der Regel nicht passen würden.

Wir liefern Paula und Alba zu Hause in Eimsbüttel ab und fahren zu einer anderen Kirche, diesmal zu einer evangelischen. Um 15 Uhr beginnt dort der Gottesdienst, und Frau Garcia will mir auch diesen zeigen, um zu veranschaulichen, wie unterschiedlich die religiösen Alternativen für die ecuadorianischen Gläubigen in Hamburg sind. Die Kirche füllt sich langsam, vor allem mit Menschen aus Lateinamerika – ich lerne Frauen aus Ecuador, Peru, Venezuela, Honduras und Kolumbien kennen. Sie bilden die Mehrheit dieser ebenfalls Spanisch sprechenden Gemeinde, aber auch etliche Russen und vereinzelt deutsche Männer mit ihren lateinamerikanischen Frauen kommen hierher. Dieser Gottesdienst ist ganz anders – er dauert insgesamt drei Stunden und endet mit einem gemeinsamen Essen. Die erste Stunde ist eine Gesangsveranstaltung von rhythmischen Liedern mit religiösen Texten, die zum Mitsingen über einen Overheadprojektor an die Wand geworfen werden. Vorne am Altar spielt ein Russe auf einem elektrischen Klavier, und drei junge Frauen singen und schwingen dazu ihre Hüften im Takt. Alle Gemeindemitglieder singen und klatschen und halten beim Beten teils weinend ihre Arme in die Höhe. Frau Garcia sagt, solche Armbewegungen helfen, den Segen von oben besser empfangen zu können. Es ist ein ziemliches Spektakel und ganz anders als die eher langweilige katholische Messe vom Vormittag. Frau Garcia ärgert das – der frommen Katholikin gefällt die untergeordnete Rolle der Mutter Gottes in der evangelischen Religion gar nicht, aber an der katholischen Kirche kritisiert sie, dass sie nicht mit der Zeit gehe. Der katholische Gottesdienst sei einfach »no fun«, und man brauche sich nicht zu wundern, wenn die jungen Menschen lieber zur evangelischen Konkurrenz wechseln, wo Musik spielt, die in die Beine geht. Hier fallen mir die besonderen Briefumschläge für die Kollekte auf – darauf kann man, je nach Betrag, den man in den Umschlag legt, »Diezmo« ankreuzen (das entspricht dem biblischen Zehnten = 10 Prozent des Einkommens) oder »Ofrenda« (= geringere Spende), jeweils mit Angabe der Summe und des Namens des Spenders.

Ich lerne die hochschwangere Marietta und Frau Garcias Freundinnen Alfonsa und Paz kennen. Frau Garcia wird zur Entbindung von Marietta mitgehen, denn weder Marietta noch ihr Mann sprechen genügend Deutsch, um mit dem medizinischen Personal im Kreißsaal kommunizieren zu können. Alfonsa lebt seit 20 Jahren in Deutschland, spricht gut Deutsch und kennt hier offensichtlich jede und jeden. Sie hatte großes Glück – nach langer Zeit konnte sie ihren Aufenthaltsstatus durch die Liebesheirat mit einem Deutschen legalisieren.

Nach einer guten Stunde beschließen wir zu gehen, als die (ebenfalls wohl einstündige) Predigt beginnt. Wir fahren in einen Park, den Frau Garcia »United Nations« nennt. In der Tat: Zuerst kommt die Parzelle der Ecuadorianer, wo wir wieder auf Paula und Alba treffen und wo Volleyball gespielt wird. Unter einem Baum verteilt eine Frau ecuadorianisches Essen aus ihrer Kühltasche, daneben ist ein anderes Volleyballfeld von Peruanern und ein regelrechter Biergarten improvisiert, mit Tischen und Bänken. Dann kommen die Kubaner, die Baseball spielen, daneben die Brasilianer mit Fußball, dann die Türken usw. Dieser Park ist ganz in ausländischer Hand und an diesem schönen Pfingstsonntag brechend voll. Hier raucht eine Männergruppe eine schöne bronzene Wasserpfeife, dort lässt sich einer die Haare schneiden, überall wird Musik gemacht und landestypisches Essen gegrillt. Wenn man weiß, wohin man gehen muss, kann man auch als illegale Lateinamerikanerin an einem schönen Sonntag im Mai in vertrauter Weise für Körper, Geist und Seele sorgen. Denn ein Stückchen Lateinamerika befindet sich mitten in Hamburg – versteckt in verschiedenen Ecken und weit weg von Alster und Elbe, wo das deutsche Hamburg den Pfingstsonntag verbringt.

VI. Erfahrungen mit den Arbeitgebern

Ich habe zahlreiche positive und negative Geschichten über Arbeitgeber und gute und schlechte Haushalte gehört – Berichte über Unterstützung, Hilfsbereitschaft und Anteilnahme ebenso wie über Gedankenlosigkeit, Ignoranz und Rücksichtslosigkeit. Bezeichnenderweise war so gut wie nie von der Haushaltstätigkeit an sich, etwa von pflegeleichten Teppichböden oder einer besonderen Ausstattung mit modernster Haushaltstechnik, die Rede, wenn Putzfrauen erzählt haben, warum sie in bestimmten Haushalten besonders gern arbeiten – nahezu immer ging es stattdessen um die Beziehungskonstellation. Aufgefallen sind mir zwei typische positive Beziehungskonstellationen zwischen Arbeitgeberhaushalten und Beschäftigten, die als besonders angenehm bezeichnet werden.

Die eine Variante der idealtypischen guten Beziehung ist die »Nicht-Beziehung«. Sehr beliebt sind Haushalte, in denen es wenig Kontakt zu den Arbeitgebern gibt, denn damit gibt es für die Beschäftigten auch wenig Kontrolle. In der Regel handelt es sich hier um Haushalte von Singles oder um Paarhaushalte von Berufstätigen, die tagsüber, während bei ihnen die Wohnung sauber gemacht wird, selbst außer Haus sind. Hier sieht man sich zum Teil über Monate hinweg nicht und verständigt sich, wenn überhaupt, mit Zetteln, die auf dem Küchentisch gelassen werden – dort, wo auch der Lohn und das Fahrgeld liegen. Die Putzfrau hat einen Wohnungsschlüssel, und oft genug wird ihr nach einer gewissen Zeit gar nicht mehr gesagt, was zu tun ist, denn das weiß sie ohnehin. Wenn es sich dann noch um einigermaßen ordentliche Menschen handelt, die einen guten Lohn zahlen, sind solche Arbeitgeber außerordentlich geschätzt. Das mag auch daran liegen, dass in diesen Erwachsenenhaushalten, in denen sich tagsüber kein Mensch aufhält, vergleichsweise wenig Schmutz anfällt. Hinzu kommt, dass die Putzfrau in aller Ruhe in ihrem eigenen Tempo und Stil arbeiten kann, ganz wie sie möchte. Und nicht zuletzt kann sie auch mal früher gehen, wenn sie mit der Arbeit schneller fertig wird.

Ein Kollege erzählte mir zum Stichwort »eigener Stil« seiner Putzfrau die folgende Geschichte: Seit mehreren Jahren beschäftige er Jola, eine

© Holger Albrich

polnische Frau mittleren Alters, die immer an einem der Nachmittage bei ihm putzte, an denen er sich normalerweise an der Hochschule aufhält. Eines Tages im Hochsommer sei er aus irgendwelchen Gründen unerwartet früh nach Hause gekommen. Er wunderte sich schon darüber, als er vorfuhr, dass alle Vorhänge zugezogen waren, während laute Mu-

Liebe Ivonne,
Hier mit, Bitte ich
bei nächst maliger arbeit
(Mittwoch) meinen lohn von
17 ᵗᵐ auf 20 ᵗᵐ zu erhölen.
Vielen Dank.
Katy.
P.O. Wen etwas ist
ruft mich an.

sik aus seiner Wohnung drang. Der Kollege sperrte auf und staunte nicht schlecht, Jola nur mit einem Slip bekleidet staubsaugend im Flur vorzufinden – sie hatte ihn wegen der lauten Musik und des Staubsaugergeräuschs nicht kommen hören. An heißen Sommertagen würde sie immer nackt putzen, erzählte Jola danach etwas verschämt.

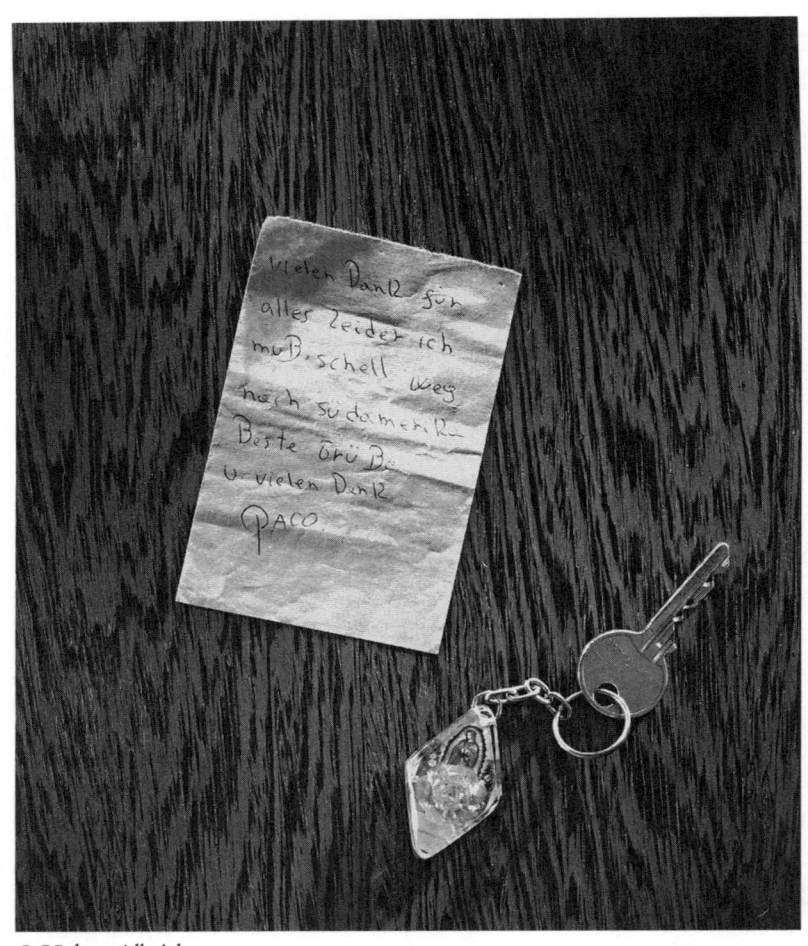

Zum anderen sind die Arbeitgeberhaushalte beliebt, in denen es »menschlich angenehm« zugeht. »Nette« Menschen, eine »gute« Familie, eine »freundliche« Frau – solche und ähnliche Formulierungen habe ich immer wieder gehört, wenn Putzfrauen die Haushalte beschreiben, in denen sie besonders gern arbeiten.

Pamela putzt an ihren Samstagen noch immer für ein älteres Ehepaar, obwohl sie inzwischen durch ihre Arbeit in einer Putzkolonne finanziell abgesichert ist und den Samstag eigentlich lieber für sich und ihre Kinder frei hätte. Aber sie will speziell diese Leute, bei denen sie schon seit zehn Jahren beschäftigt ist, nicht enttäuschen. »Because they are nice to me. If you see somebody who is kind, it's okay. I like people who are kind. If you are kind to me, I will be kind to you. That's why I told them I will still work for them. They are kind, that's all, that's all. How they talk to you. How they receive you, they are nice people.« Hier darf sie zum Beispiel nicht nur essen und trinken, sondern es hat sich eingebürgert, dass alle drei zusammen im Anschluss an ihren Putzeinsatz am Samstagvormittag gemeinsam zu Mittag essen.

Ein derart freundlicher Umgang mit der Putzfrau ist aber keineswegs selbstverständlich. Mir sind zwar keine Berichte über krasse Fälle von Ausbeutung und Misshandlung begegnet, wie sie in anderen Studien gelegentlich (vor allem bei *live-ins*)[15] dargestellt werden. Sehr häufig dagegen gab es Schilderungen von schlechter Behandlung seitens der Arbeitgeberhaushalte im Sinne von Gedankenlosigkeit, eigener Bequemlichkeit und Rücksichtslosigkeit, die vor allem darin besteht, dass Arbeitgeberinnen und Arbeitgeber sich in den seltensten Fällen klar machen, dass eine bezahlte Kraft nicht die gleiche Arbeit verrichtet wie sie selbst, wenn sie die eigene Wohnung putzen. In der eigenen Wohnung kennt man jeden Winkel genau und geht dem eigenen, sehr persönlichen Sauberkeitsstandard entsprechend vor – das ist ein ganz anders Verhältnis zum Arbeitsgegenstand, als wenn eine Putzfrau in einem fremden Haushalt sauber macht. Deshalb kommt es relativ oft zu Missverständnissen im Hinblick auf die Erwartungen der Arbeitgeber an die Putzfrau, die dann in Kritik an ihrer Arbeit münden. Für die eine Arbeitgeberin muss zum Beispiel im Bad alles blitzen, dafür kann man in ihrem Schlafzimmer ruhig fünf gerade sein lassen, für die andere Arbeitgeberin ist es genau umgekehrt. Hält sich die Putzfrau mit dem Putzen des Badezimmers in dem einen Haushalt länger auf, ist es dort gerade recht; in dem anderen Haushalt

---

15 Bridget Anderson, Doing the Dirty Work. The Global Politics of Domestic Labour, London/New York 2000.

wird dagegen ein längerer Einsatz im Bad als reine Zeitverschwendung wahrgenommen.

Neben solchen verschiedenen Standards ist das Thema Zeit auch Anlass für Konflikte, nämlich dann, wenn Arbeitgeberinnen eine besonders schnelle Arbeitsweise erwarten. Es gibt hier gelegentlich völlig unrealistische Erwartungen (beispielsweise soll eine Fünf-Zimmer-Altbauwohnung in zwei Stunden blitzsauber werden, Fenster und Türen inklusive). Typischer jedoch ist auch hier, dass das eigene Putztempo einfach unreflektiert auf die Putzfrau übertragen wird. Man schafft es doch selbst, die eigene Wohnung in drei oder vier Stunden gründlich zu putzen, warum sollte das nicht auch von der Putzfrau erwartet werden können? Weder wird darüber nachgedacht, dass man der Putzfrau für diese drei oder vier Stunden auch noch einen Korb Wäsche zum Bügeln hingelegt hat, noch dass sie in der Küche erst einmal alle Spuren der gestrigen Abendessenseinladung zu beseitigen hatte, bevor sie an das eigentliche Saubermachen gehen konnte. Schon gar nicht wird reflektiert, welches Arbeitstempo eine »hauptamtliche« Putzfrau physisch überhaupt durchhalten kann – eine Frau, die zehn oder zwölf Haushalte pro Woche versorgt, schafft es nicht, im selben Tempo durch alle Wohnungen zu fegen wie jemand, die normalerweise im Büro tätig ist und nur dann körperlich arbeitet, wenn sie einmal pro Woche am Samstagvormittag putzen muss.

Hinzu kommt, dass der Spielraum, was in Haushalten als Arbeit für die Putzfrau definiert wird, sehr groß sein kann. Hier kann es recht diffizil sein, klare Vereinbarungen zu treffen und Grenzen zu ziehen. Gehört es zu ihrer Aufgabe, die verwelkten Rosen in der Blumenvase wegzuwerfen? Oder ist das vielleicht der Blumenstrauß vom neuen Freund der Arbeitgeberin, den sie unbedingt trocknen möchte? Wirft die Putzfrau die Rosen weg, kann das genauso richtig oder falsch sein, als wenn sie die Blumen stehen lässt. Wenn es heißt, zu ihren Aufgaben gehöre es, die Küche zu putzen, wird dann auch erwartet, dass sie für das gleiche Geld auch einen Riesenberg Geschirr abwäscht? In dem einen Haushalt ja, im anderen Haushalt nein – das ist alles Aushandlungssache.

Manchmal wird die Bequemlichkeit in den Arbeitgeberhaushalten für die Putzfrauen zum Problem, wenn sie erst einmal lange aufräumen müssen, bevor sie überhaupt mit dem eigentlichen Reinemachen beginnen können.

Maria Nowak erzählte von dem Sohn einer ihrer langjährigen Arbeitgeberinnen, der vor einiger Zeit von zu Hause ausgezogen ist und jetzt als Student in einer Wohngemeinschaft mit einem Kommilitonen zusammenwohnt. Frau Nowak kennt Daniels Familie, seitdem dieser ein Schuljunge war, und sagt deshalb sofort zu, als Daniels Mutter ihr vorschlägt, nun zweimal im Monat auch in der Wohnung ihres Sohnes und seines Mitbewohners Alex zu putzen – ein Geschenk der Mutter an ihren Sohn. Die beiden Frauen handeln einen Preis aus, der ihnen angesichts der Größe der Wohnung realistisch erscheint, und Frau Nowak freut sich auf einen weiteren guten Arbeitsplatz, denn für diese Familie arbeitet sie schon immer gern. Allerdings wurde die Rechnung hier ohne die beiden jungen Wirte gemacht. Im Gegensatz zum gepflegten Haushalt der Mutter, in dem die Kinder offenbar immer gezwungen wurden, ihre Zimmer aufzuräumen, bevor die Putzfrau kam, findet Frau Nowak nun bei diesen beiden jungen Männern, um es neutral auszudrücken, einen deutlich entspannteren Umgang mit der Haushaltsführung vor. Sie scheinen sich gar nichts dabei zu denken, nicht nur die Wohnung nicht aufzuräumen, bevor Frau Nowak kommt, sondern ihr auch noch das Geschirr der gesamten Woche zu überlassen, ebenso wie die Beseitigung der Spuren ihrer regelmäßig stattfindenden Partys. Meistens liegen schmutzige Kleider, Bierflaschen und leere Chipstüten herum, und Frau Nowak muss sich immer wieder mit verklebten Pizzablechen und angebrannten Essensresten auf dem Herd herumplagen. Statt der vereinbarten drei Stunden, für die sie 30 Euro erhält, braucht sie eher jeweils vier bis fünf Stunden für den Hausputz hier. Und sie hat inzwischen keine Lust mehr, in einer derart ungepflegten Wohnung für Menschen zu arbeiten, die auf ihre Arbeitsbelastung keine Rücksicht nehmen. Sie ist unentschlossen, wie sie vorgehen soll. Soll sie sich über Daniel bei seiner Mutter beschweren? Oder von den beiden jungen Männern zusätzlichen Lohn für ihre Überstunden fordern? Gefährdet sie ihre sehr gute Stelle bei Daniels Mutter, wenn sie den schlechten Job bei den schlampigen Herren Studenten kündigt? »Ich mache jetzt nichts, ich brauche diese Arbeit«, sagt sie mir schließlich, »die Zeiten sind schlecht. Ich halte noch den Mund. Vielleicht wird es irgendwann besser.«

Neben solchen Fällen von Gedankenlosigkeit und Bequemlichkeit werden auch gelegentliche Fälle von echter Rücksichtslosigkeit geschildert, die dann auch häufig »gerächt« werden, indem die Putzfrauen solche Haushalte so schnell es irgend geht verlassen. So berichtet Oliwia, dass sie sich an dem Tag vorgenommen hat, eine bestimmte Stelle so bald wie möglich zu kündigen, als ihr eine Arbeitgeberin an einem sehr heißen Sommertag nicht nur nichts zum Trinken angeboten hat, sondern sich auch noch mit einem großen Glas Coca-Cola in der Hand bei ihr beschwert hat, als sie sich für einige Minuten an den Küchentisch gesetzt hat, um in der Hitze eine kurze Pause zu machen und ein Glas Leitungswasser zu trinken.

Versteckte Versorgungswünsche: Was Putzfrauen sonst noch leisten

Warum wird das, was die bezahlten ausländischen Haushaltsarbeiterinnen in deutschen Haushalten leisten, nicht entweder von den Haushaltsmitgliedern selbst oder von anderen Personen bzw. Institutionen erledigt? Auf diese Frage gibt es sicher nicht nur eine, sondern sehr viele Antworten, die so verschieden sind wie die Muster der Lebensführung in den betroffenen Haushalten.

Zunächst einmal ist die Beobachtung nicht von der Hand zu weisen, dass es auch in Deutschland bereits eine Menge an professionellen Versorgungsangeboten mit den dazugehörigen Institutionen und Berufen gibt. Helma Lutz schreibt dazu: »[Im] Prinzip sind die Versorgungsberufe je bereits professionalisiert: Es gibt Kindergärtnerinnen, Altenpflegerinnen, professionelle Putzkolonnen etc. [... Der] Versorgungsstaat [weist] entweder Versorgungslücken auf [...] oder [er geht] aber von Prämissen aus [...], die in der Realität nicht zutreffen.«[16] Aus meinen Recherchen kann ich diese Aussage nur bestätigen. Denn inzwischen existiert daneben auch ein großer informeller Markt von privat beschäftigten

---

16 Helma Lutz, In fremden Diensten. Die neue Dienstmädchenfrage in Europa als Herausforderung für die Migrations- und Geschlechterforschung, in: Karin Gottschall/Birgit Pfau-Effinger (Hg.), Zukunft der Arbeit und Geschlecht, Opladen 2002, S. 171.

Frauen – Kinderbetreuerinnen und Au-pairs, Babysitterinnen und Tagesmüttern –, die diese Versorgungslücken zu füllen und Gestaltungsmängel auszugleichen versuchen. Ähnlich verhält es sich im Bereich der Altenbetreuung, wo eine Heerschar von privat beschäftigten Frauen (und einigen Männern) beim Putzen und in der Altenbetreuung dort tätig wird, wo die Familienangehörigen – meist Töchter und Schwiegertöchter – nicht mehr zur Verfügung stehen bzw. es nicht mehr (allein) schaffen, die alten Menschen zu versorgen.

Es handelt sich hierbei allerdings nicht um ein Nullsummenspiel, nach dem Muster: Dort wo die Hausfrau, Mutter oder Tochter ausfällt oder nicht (mehr) zur Verfügung steht, wird sie von der polnischen Putzfrau, dem Au-pair-Mädchen aus der Ukraine oder der ungarischen Altenbetreuerin einfach ersetzt. Typischer sind heute eher Szenarien im Arbeitsalltag der Haushalte, in denen verwandte und nicht verwandte Personen, legal und illegal arbeitende Personen, Deutsche und Migrantinnen, Profis und Laien in einem komplexen Muster zusammenarbeiten. Ich habe im Laufe meiner Recherchen Familien kennen gelernt, in denen zum Beispiel berufstätige Mütter unterstützt werden von einer rüstigen Großmutter und einer stundenweise arbeitenden Babysitterin sowie von einem Au-pair-Mädchen und einer Putzfrau und einer netten Nachbarin, von anderen Müttern aus dem Kindergarten, den ihr Kind besucht, und als allerletzten Notnagel von weiteren Verwandten, die, wenn es sein muss, auch über große Entfernungen anreisen. Den Rekord hielt eine Familie mit vier Kindern, in der 13 Personen, in der Mehrzahl Frauen, zusammengearbeitet haben, um den Alltag auf die Reihe zu bekommen. Dass 13 Personen kooperieren, ist sicher ungewöhnlich und entsprechend selten. Wichtig ist mir die empirische Beobachtung, dass es oft mehrere Frauen sind, die in unterschiedlicher Weise zur Bewältigung der Arbeit des Alltags eines Haushalts beitragen.

Beobachtungen in Haushalten von Familien mit Kindern bzw. von alten Menschen dokumentieren wichtige Schwachstellen unserer bestehenden institutionellen Betreuungsangebote für diese Gruppen. Im Zentrum meiner Recherchen standen zwar nicht Fragen der Kinder- und Altenbetreuung, sondern die Lebensführung von Frauen, die ihren Lebensunterhalt mit Putzen verdienen. Aber wie nicht selten in der empirischen

Sozialforschung, stößt man manchmal eher zufällig auf interessante unerwartete »Nebenergebnisse«, denn in der Praxis sind hier – wie in der unbezahlten Haushaltsarbeit auch – die Grenzen zwischen den verschiedenen Tätigkeiten im Haushalt und in der Familie durchaus fließend. Es war augenfällig, dass auch Putzfrauen vielfach Aufgaben übernehmen, die nicht als Putzen im engeren Sinn zu bezeichnen sind, sondern genauso auch in die Rubrik Kinder- und Altenbetreuung einzuordnen wären. Die Tätigkeiten, die sie leisten, machen die Gestaltungsmängel unseres gegenwärtigen Versorgungssystems sichtbar. Ausländische Haushaltshilfen werden nachgefragt, um typische Alltagsprobleme zu lösen. Auffällig ist zum einen die meist fehlende »Passform« zwischen der Zeitstruktur im Alltag der einheimischen Arbeitgeberinnen und den zeitlichen Betreuungsnotwendigkeiten bei der Kinder- bzw. Altenbetreuung, welche die putzenden Migrantinnen auffangen helfen. Zum anderen gilt es, Schwierigkeiten bei der Kinder- und Altenbetreuung abzupuffern, die aus den heute typischen Mobilitätszwängen im Alltag resultieren.

Die wohlhabende Selbständige Carola Bergmann, Mutter von zwei Kindern Laura (18) und Anton (12) aus erster und dem Nesthäkchen Sophie (5) aus zweiter Ehe, ist mit einem Topmanager verheiratet und führt ihren Fünf-Personen-Villenhaushalt wie einen kleinen Betrieb. Ihr Tagesablauf ist minutengenau geplant und läuft ab mit der Präzision eines Schweizer Uhrwerks, allerdings nach einem täglich wechselnden Stundenplan (wie viel kann sie zu Hause am Schreibtisch erledigen? Hat sie einen Termin bei einem auswärtigen Kunden?) und unterschiedlich je nach Jahreszeit (ist das eher eine ruhige Phase im Jahr? Steht gerade eine Messe bevor?). Die alltägliche Stabilität der Lebensführung der Familie, die Carola durchaus auch persönlich zu gewährleisten versucht, aber nicht immer garantieren kann, hat sie mit Hilfe ihrer slowakischen Haushaltshilfe Barbara gefunden, die seit Jahren 20 Stunden in der Woche bei der Familie arbeitet, meist einen halben Tag an jedem Nachmittag von Montag bis Freitag. Dabei passt Barbara ihre Arbeitszeit recht flexibel dem Bedarf der Familie an und gleicht ihre Anwesenheitszeiten nach Absprache gewissermaßen spiegelverkehrt den Abwesenheitszeiten Carolas an. Ihre anderen Putzstellen sind vor allem bei berufstätigen Singles oder Paaren, denen es meist gleich ist, wann ihre Wohnungen geputzt werden – Hauptsache, sie sind sauber. Barbara hat überall Wohnungsschlüssel und kommt und geht bei ihren anderen Arbeitgebern, wie sie will. Bei Carola ist Barbara eigentlich gar nicht für Aufgaben angestellt, die mit der Kinderbetreuung zu tun haben. Sie soll das große Haus sauber machen, die Wäsche waschen und auch gelegentlich Kleinigkeiten für die Kinder kochen, wenn Carola das nicht selbst erledigen kann. Aber durch Barbaras flexible Anwesenheit ist sichergestellt, dass immer ein Erwachsener als Ansprechpartner für die Kinder da ist und die kleine Sophie auch dann zuverlässig vom Kindergarten abgeholt wird, wenn Carola einmal verhindert und Sophies große Schwester Laura, die beim Abholen der Kleinen meist für ihre Mutter einspringt, ebenfalls beschäftigt ist. Vater Wolfgang fällt für die familiale Arbeit ohnehin so gut wie ganz aus, denn er arbeitet von morgens früh bis abends spät und ist so oft und so lange unterwegs, dass er seine Familie werktags nur gelegentlich für längere Zeit zu Gesicht bekommt.

Frau Gruber, inzwischen Mitte achtzig, will, solange es irgendwie geht, im eigenen Haus bleiben, in dem sie seit Jahrzehnten lebt. Hier hat sie ihren Garten, die netten Nachbarn und ihre vertraute Umgebung. Diesen Wunsch unterstützt ihre einzige Tochter Veronika in vollem Umfang. Sie kann ihrer Mutter aber nur gelegentlich an den Wochenenden praktisch zur Seite stehen, denn Frau Gruber lebt in einem kleinen schwäbischen Ort, während Veronika ihre Steuerkanzlei in München eingerichtet hat. Nach einer längeren Phase, in der wöchentlich eine deutsche Putzfrau aus dem Dorf Frau Gruber zur Hand ging, wurde deutlich, dass diese punktuelle Hilfe nicht mehr ausreichte. Frau Gruber ist aber zugleich noch so rüstig, dass es keiner Pflegetätigkeit im engeren Sinne bedarf, und ihr Zuhause gegen einen Heimplatz austauschen will sie auf keinen Fall. So hat Veronika Frau Gomolka gefunden, eine polnische Frau mittleren Alters, die als pendelnde *live-in* rund um die Uhr für die alte Mutter als Haushaltshilfe zur Verfügung steht. Man nimmt die Mahlzeiten gemeinsam ein, die mal Frau Gomolka, mal Frau Gruber zubereiten, Frau Gomolka putzt das Haus, begleitet Frau Gruber beim Einkaufen, kümmert sich um die Wäsche und leistet der alten Dame Gesellschaft. Dabei gibt es für sie auch viele »Leerzeiten«, etwa wenn Frau Gruber ihren ausgiebigen Mittagsschlaf macht, liest, mit einer Nachbarin im Garten sitzt oder fernsieht. Das wichtigste ist: Frau Gomolka ist einfach immer da. Probleme gibt es aus Veronikas Sicht dann, wenn Frau Gomolka nach Polen fährt – dann muss Veronika entweder ihren eigenen Urlaub opfern und die Betreuung ihrer Mutter übernehmen oder aber eine andere Haushaltshilfe finden, die Frau Gomolka ersetzt.

Die Beispiele verweisen auf einige wichtige strukturelle Schwierigkeiten im Alltag dieser Familien. Bestimmte typische Merkmale im Leben von Frauen wie Carola Bergmann und Veronika Gruber und fürsorgliche Praxis schließen sich zwar nicht aus, sie passen aber auch nur bedingt zusammen. Und an den Stellen, wo es hakt, springen Migrantinnen wie Barbara und Frau Gomolka flexibel in die Bresche. Sowohl Carola als auch Veronika sind ausgesprochen engagierte und liebevolle Mütter bzw. Töchter, die für ihre Kinder bzw. für ihre alte Mutter nur das Beste wollen – eine gute, auf deren individuelle Bedürfnisse abgestimmte Betreuung –, aber sie selbst können oder wollen nicht mehr rund um die Uhr allein dafür sorgen. Denn es gibt auch andere Aufgaben und Ziele in ihrem Leben, die sich nicht einfach ignorieren lassen.

Die in zweiter Ehe verheiratete Carola musste jahrelang für ihre beiden älteren Kinder allein aufkommen und weiß aus eigener Erfahrung, dass eine Ehe keine Lebensversicherung darstellt. Für die promovierte Betriebswirtin wäre es deshalb unvorstellbar, ihren Beruf aufzugeben, um ausschließlich für die Kinder da zu sein, obwohl sie es sich dank ihres sehr gut verdienenden zweiten Ehemannes seit einigen Jahren leisten könnte.

Veronika ist alleinstehend und muss für ihren Lebensunterhalt selbst aufkommen. Auch in ihrem Alltag, der sich zudem über hundert Kilometer vom Wohnort der Mutter entfernt abspielt, ist trotz allen Engagements kein Platz für die tägliche Rund-um-die-Uhr-Versorgung eines alten Menschen, obwohl es ihr wichtig ist, mindestens einmal am Tag mit ihrer Mutter zu telefonieren und sie oft auch ihre Wochenenden mit der alten Dame verbringt.

Welche Qualität von Versorgung brauchen die Kinder und Alten, um die es in diesen Beispielen geht? Und was brauchen umgekehrt diese Mutter bzw. diese Tochter, damit sie die Kinder bzw. Alten gut versorgt wissen? Um diese Fragen beantworten zu können, ist es nützlich, bestimmte typische Eigenschaften der Kinder- und Altenbetreuung in diesen Beispielen genauer zu betrachten.

Zunächst ist der Aspekt der örtlichen Beständigkeit wichtig – irgendjemand muss kontinuierlich anwesend oder zumindest schnell erreichbar sein. Aber genau diese Beständigkeit wird in unserem zunehmend mobilen Alltag zu einem immer größeren Problem. Es geht in der Kinder- und Altenbetreuung in vielen Fällen über weite Phasen weniger darum, etwas »zu erledigen« im Sinne des aktiven Bearbeitens einer bestimmten Aufgabe. Eher geht es oft darum, dass ein Erwachsener in der Nähe zur Verfügung steht, um zuverlässig tätig werden zu können, falls ein mehr oder minder unbestimmter Arbeitseinsatz notwendig wird. Es braucht meist keine volle Aufmerksamkeit, um größere Kinder zu beaufsichtigen, zum Beispiel wenn Geschwister zusammen spielen. Im Wesentlichen gilt es sicherzustellen, dass nichts aus dem Ruder läuft oder kleinere Aufgaben für die Kinder erledigt werden – etwa wenn sich jemand beim Spielen verletzt und ein Pflaster braucht. Oder eben wenn Sophie abgeholt werden muss an einem Tag, an dem Carola unerwartet spät nach Hause kommt und die große Schwester bei ihrer Freundin ist. Es geht, anders gesagt, also oft um eine Feuerwehrfunktion – jemand muss allzeit bereit sein für einen Einsatz, der vorkommen kann oder eben auch nicht.

Es braucht auch keine volle Aufmerksamkeit, um eine alte Dame zu betreuen, die in ihrem eigenen Haus ihrem gewohnten Alltag nachgeht. Bei einer noch einigermaßen gesunden alten Person wie Frau Gruber genügt es meist, wenn jemand in Rufweite ist, falls ihr beispielsweise im Bad plötzlich schwindlig wird. Oder es muss jemandem auffallen, dass die alte Dame, die inzwischen etwas vergesslich ist, den ganzen Tag noch nichts getrunken hat. Dieser Arbeitseinsatz bei Bedarf setzt aber unmittelbare räumliche Nähe und Beständigkeit voraus, was bei den heutigen Haushalts- und Wohnformen auch bei noch so viel Kontakt zwischen den Generationen nicht mehr garantiert ist. Die Betreuungsperson kann in dieser Zeit ruhig etwas anderes tun, denn diese Art von Aufsicht ist gut zu vereinbaren mit Arbeiten wie Wäschebügeln oder Fensterputzen – Arbeiten, die relativ problemlos unterbrochen und nach zehn Minuten wieder aufgenommen werden können, was für Veronika, wenn sie zum Beispiel mitgebrachte Akten bearbeiten will, sehr viel schwieriger ist.

Wichtig ist auch die Frage, wann und wodurch es zu einem Arbeitseinsatz kommt. Manchmal besteht ein solcher Einsatz darin, dass man auf etwas, was von einem Kind oder vom alten Menschen selbst geäußert wird, kurz reagiert (»Ich brauche etwas zu trinken!«, »Können Sie mir mal dieses Glas aufschrauben?«). Häufig besteht er aber darin, dass eher instinktiv der Frage nachgegangen wird, warum es im Kinderzimmer so verdächtig ruhig oder die alte Frau schon so lange im Bad ist. Das heißt, es geht auch darum, Unausgesprochenes aufzuspüren, auch einmal auf Verdacht hin tätig zu werden und sich um unartikulierte Bedürfnisse eines anderen Menschen zu kümmern. Feuerwehrfunktion allein trifft es also nicht – dieser Arbeit ist auch ein detektivisches Element beigemischt. Ihre Qualität ist eine ebenso besondere wie die Relation von Zeit und Leistung.

Wenn Betreuung von Kindern und Alten nicht einfach nach Schema F erfolgen und in ihrer spezifischen menschlichen Qualität gut gelingen soll, sind individuelle Beziehungen wichtig, am besten Beziehungen, die so tragfähig sind, dass jemand sogar gelegentlich bereit ist, die eigenen Bedürfnisse zugunsten eines anderen zu versorgenden Menschen zurückzustellen. Im Umgang mit den eigenen Kindern oder mit den eigenen alten Eltern ist das normalerweise eine herausragende Eigenschaft der »Arbeit aus Liebe« der Familienmitglieder füreinander, vor allem der Hausfrauen für ihre Angehörigen.

Im Englischen gibt es das wunderbar doppeldeutige Wort »care«. »To care for someone« kann sowohl bedeuten, jemanden zu versorgen als auch jemandem emotional verbunden zu sein. Mit der Beschäftigung einer Migrantin kaufen Arbeitgeberinnen nach meinem Eindruck oft die Hoffnung auf ein Stück individuelle »care« in diesem doppelten Sinne. Es ist nicht auszuschließen, dass eine persönliche zugewandte Beziehung zwischen einem alten Menschen und dem Lieferanten von »Essen auf Rädern« oder einer Mitarbeiterin des ambulanten Pflegedienstes oder einer Altenpflegerin im Altenheim entsteht. Mit den derzeit in Deutschland normalen Strukturmerkmalen solcher Arbeitszusammenhänge – Schichtdienst und Teilzeitarbeit, chronische Personalknappheit und -fluktuation, Arbeitsüberlastung und ökonomischem Kalkül – ist das aber nicht sehr wahrscheinlich. Und Zeitwohlstand im Umgang mit einem alten Menschen gibt es in einem solchen Rahmen so gut wie sicher nicht. Das ist jedoch nicht den in der institutionalisierten Pflege tätigen Arbeitskräften anzulasten, innerhalb solcher Arbeitsstrukturen kann es gar nicht um Individualität in einem nachdrücklichen Sinn gehen. Rücksicht auf sehr spezifische individuelle Bedürfnislagen reduziert sich hier notgedrungen selbst im besten Fall auf eine Speisenauswahl beim Mittagessen.

Natürlich ist es auch nicht gewiss, dass eine Frau Gomolka zu einer alten Frau Gruber eine zugewandte persönliche Beziehung entwickelt und vice versa. Aber immerhin kann Veronika davon ausgehen, dass sich immer die gleiche, irgendwann auch vertraute Person einige Stunden am Tag mit ihrer Mutter beschäftigt und ihre Mutter in ihren eigenen vier Wänden weiterleben kann. Und sie kann zumindest versuchen, Frau Gomolka dazu zu bringen, auf persönliche Vorlieben der Mutter einzugehen.

Die Versorgung vieler Menschen in großen Organisationseinheiten, eingebettet in ein System von festen Arbeitszeiten, klar definierten und arbeitsteiligen Zuständigkeiten, mit verdichteter Tätigkeitsstruktur und einer klaren aktiven Handlungsorientierung gehorcht einer anderen Logik als die Logik der Lebenswelt. Die Arbeitsbedingungen stehen in vieler Hinsicht quer zu den individualisierten und oft auch unkalkulierbaren Bedarfslagen von Kindern und alten Menschen. Der Kindergarten hat eine Kernzeit bis maximal 17 Uhr und schließt gnadenlos um 18 Uhr, ob eine Mutter wie Carola auf der Messe oder länger beim Kunden ist oder nicht. Das ist allzu verständlich, denn die Erzieherin will nach einem langen Arbeitstag pünktlich nach Hause zu ihrem Freund, in ihren wohlverdienten Feierabend. Wie könnte sie es auch leisten, auf die privaten Besonderheiten in allen Familien der Kindergartenkinder Rücksicht zu nehmen? Hinzu kommt: Auch bei flexiblen Öffnungszeiten – immerhin ein kleiner Versuch, berufstätigen Eltern entgegenzukommen – sind aus der Sicht der anderen die Kinder arm dran, die nach dem »eigentlichen« Kindergartenschluss um 17 Uhr als Letzte abgeholt werden. Wie gut, wenn man Sophie Bergmann heißt und in einer wohlhabenden Familie lebt, die sich die Dienste einer Barbara leisten kann. Denn Sophie wird jeden Tag pünktlich um 17 Uhr abgeholt. Carola meint, Barbara bleibt nicht ungern anschließend länger in ihrer Familie, um mit den Kindern zu Abend zu essen und danach mit ihnen fernzusehen, während sie die Wäsche bügelt. An ihrem Feierabend allein in Deutschland, fern von der eigenen Familie und untergebracht in ihrem kleinen Untermietszimmer hat sie ohnehin kein gutes Alternativprogramm. Carola hat wahrscheinlich Recht – die Mängel der Freizeitsituation von Barbara sind für diese bedauerlich und recht praktisch für sie selbst.

VII. In der Schattenwelt der Illegalität

Illegale Migration ist ein altes Phänomen. Neu sind heute allenfalls die Größenordnung und das Zusammenwachsen der geographischen Räume, die dank verbilligter und vereinfachter Reisemöglichkeiten nicht nur ein- oder zweimal im Leben, sondern oft sehr viel häufiger überschritten werden.

Es ist außerordentlich schwierig, quantitative Aussagen dazu zu machen, wie stark illegale Migration in Europa oder auch nur in Deutschland verbreitet ist, nicht zuletzt weil das, was darunter zu verstehen ist, kontrovers diskutiert wird. Für den europäischen Zusammenhang ist es auch deshalb schwierig, klare Aussagen zu treffen, weil in den einzelnen EU-Ländern unterschiedliche Definitionen von legalem und illegalem Zugang gelten. Zahlen, wie viele Illegale an den Grenzen aufgegriffen werden, messen außerdem durchaus Verschiedenes – sie können nicht ohne weiteres als zuverlässiger oder eindeutiger Indikator dafür interpretiert werden, wie viele Menschen den illegalen Grenzübertritt versuchen. Eine solche Zahl kann zum Beispiel ebenso etwas aussagen über die Effizienz der polizeilichen Arbeit. Und auch mit den geschätzten Zahlen, die man mancherorts liest, gilt es vorsichtig umzugehen. Hier ist mitunter politisches Kalkül im Spiel, denn je nach politischem Standort werden Migrationsströme über- oder unterschätzt. Daher können Zahlenangaben meines Erachtens derzeit nur einen ungefähren Anhaltspunkt liefern. So überschreiten einer Schätzung des Bundesnachrichtendienstes aus dem Jahr 2001 zufolge täglich etwa 1000 Personen illegal die Außengrenzen der Europäischen Union, und für jede Person, die verhaftet wird, sollen zwei bis drei Personen ohne Papiere die Grenze passieren.

Alle Experten, die auf diesem Gebiet arbeiten, prognostizieren eine Zunahme der illegalen Migration in den nächsten Jahren. Denn es gibt trotz aller Abwehrversuche der »Festung Europa« keine Hinweise dafür, dass die illegale Migration abnimmt. Es besteht die Auffassung, dass mehr illegale als legale Migranten in die EU hineinkommen. Eine Besonderheit stellt dabei das Phänomen der sogenannten Transmigration dar, eine Lebensform, die von vielen osteuropäischen Haushaltshilfen praktiziert wird, deren arbeitsbedingtes Pendeln zwischen zwei Ländern zum Dauermuster ihrer Lebensführung wird. Diese Frauen passieren die Grenze ganz legal als Touristinnen, gehen aber während ihres Aufenthalts in Deutschland einer Arbeit nach und verstoßen damit gegen das Gesetz. Eine weitere wichtige Sondergruppe sind die sogenannten Scheinlegalen. Viele Personen, darunter etliche der Putzfrauen, mit denen ich gesprochen habe, leben zum Teil seit vielen Jahren mit gefälschten Papieren in Deutschland, die auch von sehr aufmerksamen Grenzbeamten nicht vom Original unterscheidbar sind, weil es sich zum Beispiel um teuer gekaufte gestohlene Originale handelt oder um Papiere, die von korrupten Beamten in den entsprechenden Behörden für viel Geld ausgestellt wurden. So habe ich während meiner Recherchen gelernt, wie ich zu einem belgischen Pass käme, sollte ich eines Tages eine neue Identität brauchen, ganz offiziell ausgestellt von einem belgischen Passbeamten, der sich mit dem Handel von Pässen ein reichliches Zubrot verdient.

Die Grenzen zwischen legal, scheinlegal und illegal sind bereits definitorisch ziemlich fließend, und auch für die einzelne Person wechseln sich in der Migration nicht selten Phasen von Legalität und Illegalität ab. Denn man kann auf unterschiedlichen Ebenen legal oder illegal sein: im Hinblick auf die Einreise, den Aufenthaltsstatus oder den Beschäftigungsstatus. Illegalität kann auch bedeuten, dass man ganz offiziell eingereist ist und erst durch das spätere Verhalten irgendwann »illegal« wurde – das ist zum Beispiel die typische Situation von Studentinnen, die nach Abschluss des Studiums beschließen, in Deutschland zu bleiben, obwohl ihr Visum abgelaufen ist.

Nicht nur unsere Vorstellungen von Klasse, Geschlecht oder Ethnizität, sondern eben auch davon, wer die »Illegalen« sind, stellen soziale Konstruktionen dar. Vorstellungen von den »Illegalen« sind kulturelle Deutungsmuster, die je nach historischem Zeitpunkt sehr verschieden sein können, und entsprechend ist das vorherrschende Bild des illegalen Migranten immer auch ein dem jeweiligen Zeitgeist konformes Klischee – allerdings ein sehr wirkungsmächtiges und folgenreiches. Mit dem Faktum des illegalen Grenzübertritts ist per se noch gar nichts ausgesagt: nichts über die Legitimation der verbotenen Migration, nichts über das Interesse der Öffentlichkeit an den Betroffenen, nichts darüber, welche Erlebnisse für die Menschen damit einhergehen und welche Weichenstellungen für ihre Biographien daraus folgen, nichts darüber, wie Illegale im Aufnahmeland aufgenommen werden und was aus ihnen in der Folgezeit wird.

Es ist wohl kein Zufall, welche Person zu welchen Fragen findet. Auch in meinem Leben war vieles, wovon in diesem Band die Rede ist, einmal wichtig. Ich habe mein Leben selbst einmal als Illegale begonnen, als Teil des wohl meistbeachteten Flüchtlingstrecks der Nachkriegszeit passierte ich als Vierjährige mit gefälschten Papieren zusammen mit meiner Mutter und Schwester im Herbst 1956 die ungarische Grenze bei Hegyeshalom nach Österreich. Wir waren eine Gruppe von Illegalen, die im Gegensatz zu den heutigen großes Glück hatte, denn die Menschen, die es damals irgendwie geschafft haben, über die ungarische Grenze zu gelangen, wurden in der westlichen Öffentlichkeit in der Regel begeistert aufgenommen. Schließlich wurden alle, die ihr Land während des ungarischen Volksaufstands im Kalten Krieg verließen, als Freiheitskämpfer gegen den Kommunismus betrachtet, ganz gleich, ob sie sich jemals politisch betätigt hatten oder wie meine Eltern als sogenannte »Klassenfeinde« in ihrem Heimatland lediglich keine erfreulichen Zukunftsaussichten hatten und deshalb in den Westen wollten. In meiner Familie gab es keine Helden, und meine Eltern hatten mit Politik nichts im Sinn. Sie ließen ihre Heimat hinter sich aus den gleichen pragmatischen Gründen, aus denen es viele Illegale auch heute tun: weil sie sich leicht ausrechnen konnten, dass es anderswo einfacher sein würde, gut zu leben, als dort, wo sie herkamen.

Wie man in einem Land über ein Phänomen redet, prägt das Bild, das wir uns von diesen Menschen machen, und es ist bezeichnend, dass sich in Deutschland das Wort »Illegale« für sie eingebürgert hat. Bei uns wird mit der Benutzung dieses Begriffs die Dimension des Rechts bei der Betrachtung ihrer Lebenssituation betont, und damit wird, wie die Kommission für Migrationsfragen der Deutschen Bischofskonferenz herausstellte, »assoziativ die Grenze zum ›Kriminellen‹ fließend«.[17] Anderswo in Europa werden andere Aspekte dieser Form der Migration betont:

---

17 Sekretariat der Deutschen Bischofskonferenz (Hg.), Leben in der Illegalität in Deutschland – eine humanitäre und pastorale Herausforderung, Bonn 2001, S. 15.

Les sans-papiers, die Menschen ohne Papiere, sagt man in Frankreich und verweist damit auf die fehlenden Dokumente, in England setzt man ebenfalls administrative Akzente mit den Begriffen *irregular migrants* oder *undocumented workers*. Anders die Formulierung in Italien: *Clandestini* heißen diese Migranten dort. Das bedeutet »die Versteckten« – ein Verweis auf die Heimlichkeit ihres Daseins in allen Facetten ihres Alltagslebens. Die durch die Wortwahl »Illegale« in Deutschland konnotierte Kriminalität gilt auch für die Arbeit der illegalen Putzfrauen, die – sofern sie überhaupt zur Kenntnis genommen wird – nur als Schwarzarbeit von sich reden macht.

Von der Rede über die »Illegalen« ist es daher auch nur ein kleiner Schritt zur pauschalen Kriminalisierung. Und wenn man sich längere Zeit mit der Berichterstattung der Medien zum Thema illegale Migration nach Deutschland beschäftigt, kann man tatsächlich, polemisch gesagt, gelegentlich den Eindruck gewinnen, alle Menschen, die keinen offiziell anerkannten Aufenthaltsstatus haben, seien ausgefuchste, mit allen Wassern gewaschene Verbrecher.

Es ist eine völlig offene Frage, ob ein Mensch, der sich illegal in diesem Land aufhält, sich ansonsten gesetzestreu verhält oder nicht. Viel spricht dafür, dass sogenannte Illegale (von Ausnahmen abgesehen) eher zu den angepassten Personengruppen in Deutschland gehören, um nicht unangenehm aufzufallen und ihre Lebensmöglichkeit in Deutschland zu gefährden. Besonders wenn sich die Illegalität nicht nur auf die Arbeit, sondern auf ihren Aufenthalt in Deutschland insgesamt erstreckt, setzen die Frauen, die ich kennen gelernt habe, alles daran, möglichst unsichtbar zu bleiben, und sie leben in ständiger Angst davor, entdeckt zu werden. Selbst Bagatelldelikte wie das Schwarzfahren in der U-Bahn werden meist penibel vermieden, aus Angst, in irgendwelche Kontrollen zu geraten. Dieser Status macht sie ironischerweise zu Opfern von mehr oder weniger kriminellen Machenschaften – Illegale sind besonders ausbeutbar, sei es bei Wohnungsfragen, bei Fragen der Entlohnung oder in Fällen sexueller Belästigung.

Viele der ausländischen Putzfrauen befinden sich in einem doppelten Niemandsland, einerseits im politischen Niemandsland der Illegalität und andererseits im arbeitsrechtlichen Niemandsland der Schwarzarbeit im Privathaushalt. Ihr Leben spielt sich in einer Schattenwelt ab, die sich selbst überlassen wird. Die wenigsten Menschen wissen, dass für die Arbeit im Privathaushalt die Regelungen des Arbeitsrechts gelten und die dort Beschäftigten damit nicht nur zu versichern sind, sondern Kündigungsschutz genießen, das Recht auf Urlaub und Lohnfortzahlung im Krankheitsfall haben u. a. m.; es existieren für den Arbeitsbereich Haushalt sogar Tarifverträge. Aber bei Schwarzarbeit hält sich so gut wie keiner an diese Regelungen.

Frauen, die sich aus ihrem Heimatland auf den Weg machen, um hier mit Putzen Geld zu verdienen, sind keine Kriminellen, obwohl das der Begriff Illegale nahe legt. Sie verfolgen diese Arbeits- und Lebensstrategie, weil sie keine andere Möglichkeit sehen, ein angemessenes Einkommen (oder auch nur ein ausreichendes Einkommen) für sich und ihre Angehörigen zu erwirtschaften. Diese Frauen sind geradezu prototypische Beispiele für »flüssige Überflüssige«, um eine provokante Formulierung des Ungleichheitsforschers Heinz Bude aufzugreifen. Zu Hause sind sie überzählig und es gibt es für sie keine berufliche Perspektive, deshalb tragen sie ihre Arbeitskraft mit größter Flexibilität und Selbstbeherrschung weltweit zu Markte, um soziale Deklassierung für sich und ihre Kinder zu vermeiden. Sie nehmen ein Leben am Rande einer für sie fremden Gesellschaft in Kauf, um in ihrer eigenen Gesellschaft nicht mit ihren Familien an den Rand zu geraten. Diese Menschen sind überflüssig und unentbehrlich zugleich – auf ihre Arbeitsleistung kann man in Deutschland und in den anderen nachfragenden Ländern nicht verzichten. Aber sie sind auch unentbehrlich im Hinblick auf die Volkswirtschaften ihrer Herkunftsländer. Ohne die Devisen der weltweit tätigen Haushaltshilfen wären Staaten wie etwa Ecuador längst bankrott, und das durch Putzen verdiente Geld ist auch für den Aufbau der neuen polnischen kapitalistischen Wirtschaftsordnung unverzichtbar.

Die zentrale Bedeutung des Gesetzesverstoßes, den der hierzulande gebräuchliche Begriff Illegale nahe legt, entspricht der Selbstwahrnehmung der betroffenen Frauen, die ich kennen gelernt habe, ganz und gar nicht. Aus ihrer Sicht trifft sie keine Schuld. Den Schritt in die Illegalität betrachten sie nicht als illegitim, auch wenn sie alle wissen, dass der undokumentierte Aufenthalt bzw. die Erwerbsarbeit in Deutschland nicht zulässig ist und daraus vielfältige Probleme für sie resultieren. Für diese Menschen gelten andere Loyalitäten sehr viel mehr. Regelungen wie das

Ausländergesetz sieht man eher als administrative Hürde in einem Leben, das ohnehin aus sehr vielen Hürden besteht, und die es, wie immer es geht, alle möglichst erfolgreich zu nehmen gilt.

Die erste und wichtigste Loyalität dieser Frauen ist ihre Verpflichtung der Sorge für die Familie zu Hause. So verstehen sie den Schritt in die Illegalität als eine moralisch völlig vertretbare, da notwendige Entscheidung, die sich aus ihrer Rolle als Mutter oder Tochter ergibt. Wenn sie gegen das deutsche Ausländergesetz verstoßen müssen, um ihre privaten Ziele zu erreichen, ist das ein Teilaspekt einer Gesamtlebensentscheidung, den sie mit in Kauf nehmen, da ihre Lebensziele in ihrem Heimatstaat nicht (mehr) realisierbar erscheinen. Eher wäre es insbesondere für die von mir befragten Mütter illegitim erschienen, wenn sie nicht alles in ihrer Macht Stehende getan hätten, um ihren Kindern eine gesicherte Existenz und eine gute Zukunft zu ermöglichen. Anders gesagt: Aus der Sicht dieser Frauen ist das Leben in der Illegalität in erster Linie ein Selbsthilfeprojekt. Ihr Arbeits- und Überlebenswillen und ihre Mobilitätsbereitschaft, auch über Ländergrenzen hinweg, sind oft die einzigen Ressourcen, die sie haben, und der illegale Weg nach Deutschland ihre einzige Chance auf ein einigermaßen gutes Leben. Denn an den ökonomischen und politischen Verhältnissen in ihrem Heimatland können sie als Einzelpersonen ebenso wenig ändern, wie sie die Gesetzgebung in Deutschland in ihrem Sinn beeinflussen können, damit es ihnen möglich wird, hier ganz offiziell durch ihre Arbeit ein ausreichendes Einkommen für sich und ihre Familien zu erwirtschaften.

Zwei keineswegs überraschende Argumentationsmuster sind mir in diesem Zusammenhang entsprechend auch immer wieder begegnet: Zum einen wären so gut wie alle meiner Gesprächspartnerinnen lieber gar nicht erst in die Situation gekommen, ihre Heimat verlassen zu müssen, zum anderen berichten viele, dass sie, wenn sie schon einmal hier sind, gern bereit wären, in Deutschland »offiziell« zu arbeiten und Steuern und Sozialabgaben zu bezahlen. Aber für den Zugang zum deutschen Arbeitsmarkt gilt selbst für Staatsangehörige aus den neuen EU-Ländern (mit Ausnahme von Malta und Zypern) in den ersten beiden Jahren nach dem EU-Beitritt noch immer das bisherige Arbeitsgenehmigungsrecht, und danach werden noch jahrelang Übergangsregelungen gelten. Konkret bedeutet das, dass zum Beispiel Polinnen, Ungarinnen oder Slowakinnen, die in Deutschland legal arbeiten wollen, derzeit noch immer eine Arbeitsgenehmigung benötigen und sich nicht auf die Arbeitnehmerfreizügigkeit im Rahmen der EU berufen können.[18]

Leben in der Schattenwelt

Der Titel des bisher umfassendsten Buches über illegale Migranten in Deutschland ist insofern ein gut gewählter, als darin zum Ausdruck kommt, dass der illegale Aufenthaltsstatus nicht nur einen Teilausschnitt der Existenz der davon Betroffenen, sondern ihr Alltagsleben in seiner Gesamtheit berührt.[19] Mit dieser Schattenwelt kommen viele Menschen in Berührung, sei es in Kommunalverwaltungen oder Beratungsstellen, als private Arbeitgeberin oder weil man gesehen hat, wie diese Menschen arbeiten und leben. Im Rahmen meiner Experteninterviews wurde deutlich, dass die meisten meiner Gesprächspartner viel über die Situation der mich interessierenden Menschen wussten. Einer der häufigsten Sätze in diesen Interviews war: »Sagen Sie in Ihrem Buch unbedingt dieses oder jenes über die Situation dieser Gruppe und dass etwas getan werden muss – aber bitte sagen Sie nicht, dass Sie das von mir haben.« In den

18 Eine Besonderheit stellt die Beschäftigung von Haushaltshilfen aus den EU-Beitrittsländern sowie Bulgarien und Rumänien in den Haushalten von Pflegebedürftigen dar (vgl. hierzu www.arbeitsagentur.de). Allerdings gelten hier besondere Restriktionen: So müssen es u.a. Haushalte von pflegebedürftigen Menschen sein, die eine Wohnmöglichkeit zur Verfügung stellen, die Arbeit ist zeitlich auf insgesamt drei Jahre befristet, sie hat als Vollzeitbeschäftigung im Rahmen einer 38,5-Stunden-Woche stattzufinden und darf nur haushaltsbezogene und nicht auch pflegerische Tätigkeiten umfassen. Da solche Bedingungen in der Praxis eher selten anzutreffen sind, hält sich die Inanspruchnahme der Regelung in Grenzen. Allerdings ist die Niederlassungsfreiheit von Selbständigen nicht eingeschränkt. Damit könnten die Frauen aus den genannten Ländern zum Beispiel ein Kleingewerbe gründen und sich im Prinzip als Selbständige anmelden.

19 Jörg Alt, Leben in der Schattenwelt – Problemkomplex illegale Migration. Neue Erkenntnisse zur Lebenssituation illegaler Migranten in München, Leipzig und anderen Städten, Karlsruhe 2003.

zuständigen offiziellen Stellen gibt es also ein Bewusstsein für die Probleme und die Lebenssituationen der Menschen, die im Schatten leben, und man hat sogar Ideen, was für sie getan werden könnte. Jedoch scheint es (noch?) nicht möglich zu sein, aus diesem Wissen einen Handlungsauftrag für das eigene Tun abzuleiten, zu dem man öffentlich stehen könnte. Daher kann man heute wohl nicht mehr sagen, das Problem der Illegalität sei unbekannt – tabuisiert wäre hier der richtige Ausdruck.

Das Bild wäre allerdings nicht vollständig, würde ich das Mitgefühl und Verständnis vieler meiner Gesprächspartner sowohl für die Migrationsmotive der Frauen als auch für die Probleme, mit denen sich Menschen ohne Papiere hier in Deutschland auseinander setzen müssen, unerwähnt lassen. Diese eigentümlich ambivalente Position hat in der Praxis bisweilen bemerkenswerte Konsequenzen: Etablieren sich zum Beispiel private Hilfsnetzwerke im Gesundheitsbereich, kennt man sie auf kommunaler Ebene, weiß, dass und wie sie funktionieren, lässt sie gewähren und nimmt einfach in Kauf, dass solche Angebote keiner kommunalen Aufsicht unterliegen. (Dass solche Initiativen keine öffentliche Unterstützung erhalten, stört in den heutigen Zeiten leerer Kassen ohnehin nicht.)

Meines Erachtens ist dies eine für Deutschland nicht untypische Doppelwirklichkeit. Die Frage ist, warum es hierzulande offensichtlich leichter ist, jahrelang im Rahmen solcher Doppelwirklichkeiten zu agieren als die entsprechenden Regelungen den in Fachkreisen allgemein bekannten Fakten allmählich anzupassen. Denn grundsätzlich gelöst werden die Probleme der betroffenen Menschen auf diese Weise nicht. Solange die gegenwärtigen Rahmenbedingungen unverändert bleiben, haben die Betroffenen langfristig nur die Wahl, sich in ihr Schicksal als Illegale zu fügen oder aber nach eher fragwürdigen Möglichkeiten zu suchen, ihren Aufenthaltsstatus zu legalisieren.

De facto sind in Deutschland zurzeit so gut wie alle Wege in die Legalität versperrt, mit Ausnahme der Heirat mit einem Deutschen bzw. einem Ausländer mit Aufenthaltstitel. Es ist deshalb wahrscheinlich auch kein Zufall, dass sogenannte binationale Ehen in Deutschland in letzter Zeit zunehmen. Auffallend ist, dass deutsche Männer und Frauen Partnerinnen und Partner unterschiedlicher nationaler Herkunft wählen. Bei den Ehen zwischen einer deutschen Frau und einem ausländischen Mann hat der Mann in den häufigsten Fällen einen Pass aus einer der in

Deutschland ansässigen Ausländergruppen – deutsche Frauen sind mit türkischen Männern, Männern aus den Ländern des ehemaligen Jugoslawien, aus Italien, den USA oder Österreich verheiratet. Anders dagegen die Verbindungen deutscher Männer mit ausländischen Frauen; die größte Gruppe kommt aus Polen, Russland, Thailand, Rumänien und der Ukraine. Dahinter verbergen sich selbstredend die unterschiedlichsten privaten Verbindungen – von der Liebesheirat bis zur Katalogehe. Die Vermutung ist aber relativ nahe liegend, dass sich darunter auch Frauen befinden, die bereits länger hier leben und für die eine Eheschließung mit einem Deutschen vor allem Mittel zum Zweck der Legalisierung ihres Aufenthalts darstellt.

Die Bedingungen für sogenannte Scheinehen haben sich in der letzten Zeit verschlechtert. Aus der äthiopischen Community in München war im Frühjahr 2004 zu erfahren, dass der Preis für eine Scheinehe inzwischen auf 10 000 Euro gestiegen ist. Sich für diesen Weg zu entscheiden, birgt für die Frauen auch immer ein gewisses Risiko. Die Äthiopierin Ruth, die einem arbeitslosen Deutschen bereits 10 000 Euro für die Schein-Eheschließung bezahlt hat, wird seit der Heirat von ihm nicht nur weiterhin kontinuierlich um immer mehr Geld angegangen, sondern auch um häusliche Dienstleistungen. Ruth arbeitet deshalb inzwischen täglich, inklusive der Wochenenden, bis zu zwölf Stunden, um den Forderungen ihres »Ehemannes« nach mehr Geld nachzukommen, und putzt ihm auch noch unentgeltlich die Wohnung. Bei allen Belastungen ist sie froh, dass er bisher wenigstens keine sexuellen Dienstleistungen von ihr verlangt hat.

Bei einer von Ruths Freundinnen verläuft dagegen alles nach Vereinbarung. Der deutsche Ehemann hat 7500 Euro für die Heirat verlangt, und er geht sogar über die Vertragserfüllung hinaus und hilft »seiner Frau« zum Beispiel bei Behördenangelegenheiten. Die Frau überlegt nun, auch nach dem Ablauf der Frist, nach der sie sich mit eigenem Aufenthaltsstatus scheiden lassen könnte, weiterhin mit diesem deutschen Mann verheiratet zu bleiben. Denn sie fürchtet den Druck, dem sie unter ihren Landsleuten ausgesetzt wäre, würde sie sich als Geschiedene mit eigenständigem legalem Aufenthaltsstatus weigern, ihrerseits einem illegalen Landsmann mit der Heirat zu einem gültigen Aufenthaltsstatus zu verhelfen.

Die Scheinehe kann nicht nur für die Frauen problematische Konsequenzen haben. Nicht nur einmal wurde mir von Frauen berichtet, die offiziell mit einem Mann nur der Papiere wegen verheiratet waren und von einem anderen Mann schwanger wurden, was zu entsprechenden Schwierigkeiten bei der Anerkennung der Vaterschaft und der Unterhaltsansprüche führte. Auch in anderer Weise kann es seltsame Komplikationen geben, wenn sich der Wunsch nach einem gesicherten Aufenthaltsstatus mit der emotionalen Verbindung Ehe vermischen.

Eine Ecuadorianerin, die schon längere Zeit mit falschen Papieren in Deutschland lebte, lernte einen Deutschen kennen und heiratete ihn nicht wegen des Aufenthaltsstatus, sondern aus Liebe. Nach ihrer Eheschließung flog auf, dass ihre Papiere gefälscht waren und sie unter falschem Namen hier lebte. Die Frau kam ins Gefängnis, woraufhin sich der deutsche Ehemann von ihr zurückzog. Er kam nicht damit zurecht, noch nicht einmal gewusst zu haben, wie seine Frau wirklich heißt. Die Juristen müssen nun klären, ob diese Ehe trotzdem gültig ist.

Arbeiten in der Illegalität

Es gibt wenig Lebensbereiche, in denen es illegale Frauen besser haben als ihre männlichen Kollegen. So ist beispielsweise sexuelle Belästigung oder Gewalt für sie eine ständig präsente latente Gefahr. Einen Bereich, in dem Frauen es besser haben, gibt es aber – die Erwerbsarbeit selbst. Das Arbeiten in der Schattenwelt ist für Frauen mit illegalem Aufenthaltsstatus in mancher Hinsicht leichter als für ihre männlichen Landsleute, denn die Arbeit im Privathaushalt ist eine vergleichsweise vor Entdeckung geschützte Beschäftigungsform, schon deshalb, weil Haushaltsarbeit gesellschaftlich unsichtbare Arbeit und deshalb vor amtlicher Kontrolle ziemlich sicher ist. Und dort, wo sie sichtbar wird, fällt sie nicht weiter auf. Das Bild einer Frau, die am Fenster steht und die Scheiben putzt, ist in Deutschland so normal, dass es nicht weiter begründungsbedürftig ist. Als Putzfrau muss man kaum damit rechnen, bei dieser Form der Schwarzarbeit erwischt zu werden. Außerdem ist diese Arbeit eine ziemlich gut bezahlte Tätigkeit mit einem vergleichsweise geringen Risiko, ausgebeutet oder um den Lohn betrogen zu werden.

Hinzu kommt, dass in den privaten Haushalten ein riesiger Arbeitsmarkt mit einer ausgeprägten Nachfrage existiert (obwohl die aktuelle ökonomische Krise auch hier inzwischen für Einbrüche sorgt). Diese Gesamtsituation kann, wie zum Beispiel in einigen polnischen Familien gesehen, zu einem regelrechten Rollentausch führen. Die Mutter wird durch ihre Arbeit in Deutschland zur Hauptverdienerin und der Vater sorgt zu Hause für die Familie.

Entsprechend sind die meisten Frauen mit ihren Arbeitsstellen im Großen und Ganzen eher zufrieden – nicht weil diese Beschäftigungsverhältnisse per se besonders gut wären, sondern weil sie besser sind als die für diese Gruppe von Frauen real erreichbaren aktuellen Alternativen.

VIII. Weltweite Verknüpfungen von Alltagsabhängigkeiten zwischen Frauen

Warum sind wir in Deutschland auf ausländische Haushaltshilfen angewiesen?

Bevor man auf diese Frage eingehen kann, ist es vielleicht sinnvoll, eine andere Überlegung davorzuschalten und zu fragen: Sind wir denn wirklich auf ausländische Haushaltshilfen angewiesen? Und ist es denn überhaupt legitim, auf ihre Arbeitskraft zurückzugreifen?

Ich nehme an, auf diese Fragen wird man je nach politischem Standort sehr verschieden antworten. Sieht man sich die Beispiele in diesem Band an, teilen sich vermutlich schnell die Meinungen, ob jeder der Arbeitgeberhaushalte, der eine ausländische Putzfrau beschäftigt, diese Unterstützung wirklich »braucht«. Ist eine studentische Wohngemeinschaft, in der eine Haushaltshilfe arbeitet, um das Geschirr der ganzen Woche abzuspülen und die Spuren ihrer Partys zu beseitigen, wirklich auf diese Dienstleistung angewiesen? Aber auch in anderen Fällen steckt nicht Bedarf in einem nachdrücklichen Sinne dahinter, wenn Haushalte eine Putzfrau engagieren. So pflegen nicht wenige Menschen in den mittleren und oberen Gesellschaftsschichten inzwischen einen Lebensstil, zu dem ein sehr großzügiger Umgang mit Wohnraum gehört. Ob sie sich den Luxus der geräumigen Wohnungen und der verbreiteten Zweit- und gelegentlichen Drittwohnungen leisten würden, wenn sie diese ganz allein sauber halten müssten? Einen ganz anderen Hintergrund dagegen hat die Nachfrage der oft gar nicht wohlhabenden Arbeitgeberinnen und Arbeitgeber, die hauswirtschaftliche Unterstützung nachfragen, weil sie sich zum Beispiel wegen Alter oder Krankheit nicht selbst im Haushalt helfen können. Ganz gleich, wie eine jeweilige Nachfrage nach hauswirtschaftlicher Unterstützung entsteht und wie man sie bewerten mag – die Frage bleibt: Warum wird die de facto existierende Nachfrage so häufig gerade durch die hier beschriebene Gruppe von Arbeitskräften gedeckt?

Nicht erst in jüngster Zeit suchen Menschen, die es sich leisten können oder wollen, nach Möglichkeiten für Erleichterung bei der Alltagsarbeit, ob aus Bequemlichkeit, Luxus oder Not, und sie greifen dabei schon immer auf das als Entlastung zurück, was für sie verfügbar und nahe liegend ist. Und verfügbar waren in unserer Gesellschaft für den Bereich der Haus- und Familienarbeit traditionell vor allem Frauen, ob in der Rolle als Hausfrau, Großmutter, Freundin, Nachbarin oder eben auch als bezahlte Kräfte. Das ist heute nicht anders als früher – es haben sich allerdings die Relationen innerhalb des weiblichen Geschlechts verschoben. Denn durch die veränderten Orientierungen und zunehmende Berufstätigkeit der einheimischen Frauen steht für den Bereich der häuslichen Arbeit in Deutschland inzwischen weniger unbezahlte Arbeitskraft zur Verfügung. Anders gesagt: Die Dienstbereitschaft der (Haus-) Frauen, die jahrzehntelang so selbstverständlich umsonst zur Verfügung stand wie frische Luft, ist heute eine knapper gewordene Ressource. Und auch die sprichwörtliche »Oma fürs Grobe« dürfte langsam zu einer aussterbenden Gattung werden. In diese Lücke stoßen mangels Alternativen die ausländischen Haushaltshilfen mit ihrem Angebot an Arbeitskraft vor.

Sowohl die ausländischen Frauen, die ihre Heimat verlassen, um in deutschen Haushalten zu arbeiten, als auch berufstätige Frauen werden strukturell durch ihre Geschlechtszugehörigkeit gesellschaftlich benachteiligt. Und dennoch erfahren beide Gruppen die Unterordnung auf sehr unterschiedliche Weise. Durch das Anstellen einer bezahlten Haushaltshilfe eröffnen sich heute auch für einheimische berufstätige Frauen Freiheitsräume im Alltag – ob für die Beschäftigung mit ihren Kindern, für ihre Berufsarbeit oder einfach für mehr Freizeit. Nicht nur die institutionellen Strukturen, in die unser Alltag eingebettet ist und auf die in diesem Kapitel noch genauer einzugehen sein wird, spielen bei diesem Umverteilungsprozess eine Rolle. Auch tiefsitzende Normen und kulturelle Traditionen haben hierbei eine nicht zu unterschätzende Bedeutung, die besonders hinsichtlich der Kinderbetreuung deutlich wird. In keinem europäischen Land ist die Vorstellung, dass kleine Kinder nur bei ihren Müttern gut aufgehoben sind, so ausgeprägt wie in (West-) Deutschland. Nirgendwo in Europa sind Vorbehalte gegenüber öffentlich organisierter Ganztagsbetreuung von Kindern so groß wie hierzulande.[20] Wie dabei die historische Erfahrung des Nationalsozialismus mit seinem ideologischen Zugriff auf die Familie wirksam wird, wäre eine interessante Frage, die hier nicht weiterverfolgt werden kann. Tatsache ist – privat ausgehandelte Lösungen zur Kinderbetreuung wie informelle Absprachen in Verwandten- und Bekanntenkreis oder die häusliche Beschäftigung einer bezahlten Kraft ohne jede formalisierte Ausbildung finden in Westdeutschland breite Akzeptanz. Die Merkmale »weiblich«, »privat«, »im Haus« und »informell« werden offenbar mehr oder weniger automatisch mit »zugewandt«, »fürsorglich« und »individuell« assoziiert. Dabei sind private Betreuungslösungen vielfach »anfällig«, und entsprechende Untersuchungen aus anderen Ländern zeigen, dass die Qualität der privat zustande kommenden Betreuung ungewiss und oft ziemlich fragwürdig ist.[21] In den östlichen Bundesländern, mit ihrer ganz anderen historischen Tradition, wird dagegen die volle Berufstätigkeit der Mütter und die außerhäusliche institutionelle Betreuung auch von sehr kleinen Kindern sehr viel weniger kritisch gesehen.

Wie bereits im VI. Kapitel angedeutet, haben informell ausgehandelte Hilfsarrangements im Haushalt auch gewisse praktische Vorteile, auf die viele Menschen heute nicht verzichten können oder wollen. In einem komplizierter gewordenen Alltag eröffnen sie eine größere individuelle Flexibilität. Wenn Haushalte private Arrangements etablieren, um ihre Haus- und Familienarbeit zu bewältigen, dann auch deshalb, weil unser Alltag von jedem wie ein großes Puzzle zusammengesetzt werden muss – ein Puzzle, das allerdings aus Teilen besteht, die die einzelnen Menschen sich nicht selbst geschnitzt haben. Welche Puzzleteile für sie verfügbar und nicht verfügbar sind, verfügbar gehalten oder nicht verfügbar gemacht werden, ist an politische und ökonomische Voraussetzungen geknüpft, die nicht ohne weiteres beeinflussbar sind.

---

20 Vgl. Manfred Garhammer, Familiale und gesellschaftliche Arbeitsteilung – ein europäischer Vergleich, in: *Zeitschrift für Familienforschung*, 9. Jg., Heft 1, 1997, S. 28–70.

21 Vgl. etwa Bridget Bryant/Miriam Harris/Dee Newton, Children and Minders, London 1980, oder Julia Wrigley, Other People's Children. An Intimate Account of the Dilemmas Facing Middle-Class Parents and the Women They Hire to Raise Their Children, New York 1995.

Hierzu ein Beispiel zu den alltäglichen Rahmenbedingungen unseres Alltagslebens in den Städten: Wem wäre es nicht lieber, den Weg von der Wohnung zum Arbeitsplatz möglichst kurz zu halten, damit mehr freie Zeit verbleibt? Tatsächlich wird es jedoch immer üblicher, lange Fahrten zwischen Wohnort und Arbeitsort in Kauf zu nehmen, tagtäglich, als Fernpendler oder Wochenendheimfahrer. Ob die langen Wege wegen mangelnder Arbeitsplätze am Heimatort, unerschwinglicher Mieten oder familienfeindlicher Lebensbedingungen in den Zentren entstehen oder ob sie das Ergebnis einer jahrzehntelang unreflektierten Stadt- und Regionalplanung sind – ändern kann man an solchen Strukturen als Einzelperson nicht viel. Aber die Zeit, die man im Berufsverkehr verbringt, geht für jeden Einzelnen im Alltag verloren.

Auch wer gern bereit wäre, eine sozial abgesicherte Person als Haushaltshilfe zu beschäftigen, findet hierzu in Deutschland derzeit so gut wie keine Möglichkeit (zumindest keine Möglichkeit, die finanziell einigermaßen erschwinglich wäre). Und um die sogenannten Dienstleistungsagenturen, mit denen eine Zeit lang politisch versucht wurde, in Modellprojekten sozial abgesicherte Arbeitsplätze für häusliche Beschäftigte einzuführen, die in verschiedenen Haushalten arbeiten, ist es in den letzten Jahren eher still geworden, und ihre Zahl ist zurückgegangen. Die Nachfrage wäre vorhanden, obwohl die Kosten für eine Haushaltshilfe, die bei einer Dienstleistungsagentur beschäftigt ist, höher liegen als die Kosten für die schwarzarbeitende Konkurrenz aus Polen oder Ecuador. Aber die Dienstleistungsagenturen konnten sich trotz großer Nachfrage nicht durchsetzen, teils weil sie von staatlicher Seite zu wenig unterstützt wurden, und teils, weil es zu wenige entsprechend qualifizierte Arbeitskräfte gab, die in diesem Rahmen arbeiten wollten oder durften. Denn es handelte sich bei den Dienstleistungsagenturen meist um staatlich geförderte und damit auch durch entsprechende Vorschriften reglementierte Projekte, beispielsweise zur Wiedereingliederung von Langzeitarbeitslosen oder Sozialhilfeempfängerinnen. Wenn man die Erfahrungen mit den Dienstleistungsagenturen vereinfacht zusammenfasst, kann man sagen, dass die Frauen, die offiziell in den Dienstleistungsagenturen arbeiten durften, das oft nicht wollten oder konnten. Aber die Frauen, die es vielleicht sowohl gewollt als auch gekonnt hätten (zum Beispiel die ausländischen Putzfrauen, von denen hier berichtet wird), durften dort nicht beschäftigt werden.

Die Erfahrung mit den Dienstleistungsagenturen zeigt unübersehbar, dass die Arbeit im Haushalt einerseits sehr viel anspruchsvoller ist und deutlich mehr an Qualifikationen voraussetzt, als das in der politischen Diskussion meist angenommen wird, andererseits wird sie dennoch noch immer gesellschaftlich gering geschätzt und in der Öffentlichkeit weiterhin als »das bisschen Putzen« trivialisiert, allen Professionalisierungsbemühungen zum Trotz. Nicht zuletzt ist die Tätigkeit als Haushaltshilfe als Dauerbeschäftigung auch körperlich sehr anstrengend, so dass sie von qualifizierten einheimischen Kräften trotz hoher Arbeitslosigkeit meist eher gemieden wird.

So gibt es besonders seit dem Fall der Mauer 1989 in Deutschland ein großes Angebot an sich informell anbietenden Arbeitskräften, und die deutsch-polnische Grenze stellt (nach der Grenze zwischen Mexiko und den USA) eines der größten derzeit existierenden Wohlstandsgefälle der Welt dar. Nicht zuletzt für das Zusammenleben in der Europäischen Union ist es deshalb eine interessante Frage, wie die Politik langfristig damit umgehen wird, dass sich eine neue mehr oder weniger unsichtbare Dienstbotenklasse von Frauen in deutschen Haushalten etabliert hat, bestehend aus – oft hochgebildeten – Frauen, etwa aus unseren osteuropäischen Nachbarstaaten. Natürlich stellt die gegenwärtige Haltung, dieses Faktum stillschweigend zu tolerieren und nur die Vorteile des Arrangements in Anspruch zu nehmen, auch einen politischen Umgang mit dem Thema dar.

Zur Alltagsvergessenheit der Männer

Wie steht es heute um das Engagement der Männer in Haushalt und Familie? Dreißig Jahre nach Beginn der neuen Frauenbewegung ist eine Bilanz eher ernüchternd. Bei einigen Paaren in Deutschland mag es durchaus zu umfangreichen Umverteilungsprozessen der Arbeit zwischen den Geschlechtern gekommen sein. Aber für die große Masse gilt noch immer, dass die Erledigung der Haus- und Familienarbeit und die Sorge dafür, dass zu Hause alles läuft und weiterläuft, in erster Linie Sache der

Frauen bleibt. Im Großen und Ganzen ist Deutschland, was die dauerhafte Einbeziehung von Männern in die Haus- und Familienarbeit anbelangt, noch immer ein Entwicklungsland.

Im Gegensatz zur Hausarbeit im engeren Sinn beteiligen sich Männer stärker an der Kinderbetreuung. Doch auch hier übernehmen Frauen den weitaus größeren Anteil. Dies gilt besonders für die Seiten der Kinderbetreuung, die eine umfassende Veränderung des eigenen Alltags bedeuten würden, wie die Aufgabe bzw. Einschränkung der Berufstätigkeit während der sogenannten Elternzeit. Während man in den Medien immer öfter mal den »neuen Vater« zu Gesicht bekommt, der mit dem Kleinkind auf dem Arm den Staubsauger durch die Wohnung schiebt, wurden in der gesellschaftlichen Realität im Jahr 2004 noch immer nur 5 Prozent aller Anträge auf Elternzeit von Vätern gestellt. Zu Beginn einer Ehe engagieren sich zwar noch etliche Männer bei der Hausarbeit, so das Ergebnis einer neueren Studie der Universität Bamberg,[22] aber die anfänglichen Bemühungen des Ehegatten nehmen mit den Jahren drastisch ab, und nach zwölf Jahren Ehe sind es gerade noch 15 Prozent der Paare, die eine partnerschaftliche Arbeitsteilung praktizieren.

Das alte Projekt der Frauenbewegung, im Haushalt und in der Familie für mehr Ausgewogenheit in der Arbeitsteilung und damit mehr Geschlechtergerechtigkeit zu sorgen, ist also offensichtlich auf halbem Weg stecken geblieben. Denn es springen nicht etwa die Männer in dem Maß in die Bresche, wie es den Frauen in Deutschland gelingt, in den Beruf zu gehen. Die Lücke, die Frauen zu Hause hinterlassen, wird stattdessen eher durch ihre eigene Mehrarbeit am Feierabend und am Wochenende sowie durch die Arbeit anderer Frauen gefüllt. Es ist meines Erachtens weder zielführend, dieses etwas ernüchternde Faktum in moralischen Kategorien zu diskutieren, noch immer nur weiter zu fordern, man müsse die Männer stärker in die Haus- und Familienarbeit einbeziehen. Nach 30 Jahren, zahllosen Aktionen, vielen Diskussionen in Talkshows und auf akademischen Tagungen, nach dem Umschreiben der Lehrpläne

---

22 Florian Schulz/Hans-Peter Blossfeld, Wie verändert sich die häusliche Arbeitsteilung im Eheverlauf? Eine Längsschnittstudie der ersten 14 Ehejahre in Westdeutschland, in: *Kölner Zeitschrift für Soziologie und Sozialpsychologie*, 58. Jg. Heft 1, 2006.

und nach ungezählten Auseinandersetzungen in den privaten Beziehungen ist es eher sinnvoll, genauer nachzufragen, woran es liegt, dass die Umverteilung der Arbeit zwischen den Geschlechtern, die so viele bejaht haben, gesellschaftlich so wenig vorankommt. Warum ist die Beschäftigung einer ausländischen Putzfrau auch bei solchen Paaren inzwischen gang und gäbe, die sich irgendwann einmal zum Ziel gesetzt haben, die häusliche Arbeit zu gleichen Teilen zwischen Frau und Mann aufzuteilen? Warum ist es selbst diesen Paaren selten gelungen, Männer gleichberechtigt in die Haus- und Familienarbeit einzubeziehen?

Geht man diesen Fragen genauer nach, wird sichtbar, dass nicht in erster Linie die beharrliche Veränderungsresistenz der Männer hierfür verantwortlich ist (obwohl diese auch eine Rolle spielen mag), vielmehr zeigt sich, dass die Umverteilung von Arbeit zwischen den Geschlechtern ein sehr viel komplexeres gesellschaftliches Projekt ist, als viele sich das einmal vorgestellt haben. Denn Muster der partnerschaftlichen Arbeitsteilung brauchen zu ihrer Verwirklichung mehr als nur den guten Willen zweier Individuen. Sie brauchen ganz konkrete praktikable, unkomplizierte und aus der Sicht der Betroffenen rationale Umsetzungsmöglichkeiten im gelebten Alltag. Hierfür aber fehlen hierzulande bisher so gut wie alle Voraussetzungen.

Die Herstellung der Voraussetzungen für Geschlechtergerechtigkeit bei der Alltagsarbeit für Deutschland ist ein Jahrhundert-, wenn nicht sogar ein Jahrtausendprojekt, das gesellschaftlich bisher noch kaum in Angriff genommen wurde. Denn je genauer man sich die einzelnen Elemente anschaut, desto mehr wird sichtbar, wie die in Jahrhunderten entstandene geschlechtshierarchische Arbeitsteilung in Haushalt und Familie in die Tiefenstruktur unserer Gesellschaft eingelassen ist.

Lange wurde das Thema häusliche Arbeitsteilung in der öffentlichen Diskussion sehr verkürzt als Partnerschaftsproblem zwischen zwei Individuen diskutiert (und oft bleibt das bis heute die einzige, wenig fruchtbare Diskussionsebene, auf der das Thema behandelt wird). Dabei ging man von der Vorstellung aus, eine Frau und ein Mann könnten eine neue, nicht traditionelle Form der Arbeitsteilung aushandeln und ohne weiteres in die Praxis umsetzen, wenn es nur beide wollen. Inzwischen sind jedoch zahlreiche strukturelle Hindernisse sichtbar geworden, die eine gleichberechtigte Umverteilung spätestens dann, wenn die Familiengründung ansteht, wenn nicht ganz verhindern, dann doch zumindest erheblich erschweren, selbst dann, wenn beide Partner ein egalitäres Arrangement wünschen. Welche Hindernisse sind es, die zunächst übersehen oder zumindest gering geschätzt wurden? Zunächst gibt es einige objektive Hürden – nicht von der Hand zu weisende strukturelle Gründe, warum es noch immer eher die Frauen als die Männer sind, die ihre Zeit und Energie in die Haus- und Familienarbeit investieren. Wenn zum Beispiel die Frau in einer Partnerschaft ein typisches Frauenstudium wie Germanistik oder Sozialpädagogik gewählt hat und der Mann Maschinenbauingenieur oder Informatiker wurde, dann ist die Wahrscheinlichkeit groß, dass es sich für eine junge Familie finanziell nicht rechnet, zugunsten einer prinzipiell gewünschten Veränderung traditioneller Geschlechterrollen ausgerechnet auf das höhere Gehalt des Mannes zu verzichten, wenn ein Kind zu versorgen ist. Denn in einer solchen Situation müssen in einer jungen Familie, die in der Elternzeit meist nur noch über ein statt bis dato zwei Einkommen verfügt, die materiellen Ansprüche ohnehin drastisch zurückgeschraubt werden.

Dieses Beispiel macht deutlich, dass die Schere zwischen Frauen- und Männerlöhnen selbst bei hochqualifizierten Berufen nach wie vor groß ist. In Familien, in denen die Partner weniger qualifizierte Berufe haben, gilt erst recht, dass alternative Muster der Arbeitsteilung – sofern sie überhaupt in Betracht gezogen werden – bereits am Geld scheitern dürften. Partnerschaftliche Arbeitsteilung macht derzeit für deutsche Paare nur in den seltensten Fällen ökonomisch einen Sinn. Anders dagegen übrigens in Schweden: Auch dort tat sich lange Zeit nicht viel in Richtung veränderte Arbeitsteilung zwischen Frauen und Männern. Die ökonomischen Gründe dafür wurden in Schweden aber schon früh erkannt, und vor allem wurde ihnen auch politisch begegnet. Möglicherweise spielte dabei eine Rolle, dass in Schweden seit langem deutlich mehr Frauen als in Deutschland in hohen politischen Ämtern tätig sind. Seitdem sich die Schere zwischen Frauen- und Männerlöhnen in Schweden langsam zu schließen beginnt, engagieren sich dort auch immer mehr Männer in der Familie.

Auch die oft diskutierte Vorstellung, die Arbeit in Beruf und Familie in der Weise zu teilen, dass Mutter und Vater jeweils einen Teilzeitarbeitsplatz wahrnehmen, lässt sich in der Praxis nur ausnahmsweise realisieren. Die Arbeitsmärkte der verschiedenen Berufe haben ihre eigenen jeweils immanenten Strukturen und Gesetzmäßigkeiten, mit denen nicht ungestraft beliebig umgegangen werden kann. Anders gesagt, kann man in den seltensten Fällen nach Lust und Laune mehr oder weniger arbeiten, selbst dort, wo man sich das finanziell leisten könnte – und schon gar nicht in qualifizierten Berufen mit einer möglichen Karriereaussicht. Im Gegenteil: Die gesellschaftlichen Institutionen erwarten von Berufstätigen, die in der Hierarchie aufsteigen wollen, eher ein Engagement, das zeitlich nicht unter, sondern meist erheblich über einer 38,5-Stunden-Woche liegt, ob in der Industrie oder im öffentlichen Dienst, und das gilt für Frauen wie für Männer. Wer auf der Karriereleiter nach oben will und über das entsprechende Gehalt verfügt, wird die knappe verbleibende Zeit zu Hause nach einer anstrengenden 45- bis 60-Stunden-Woche deshalb auf Dauer kaum in die Hausarbeit investieren. Und auch bei Paaren, die noch zu Ausbildungs- und Studienzeiten die Hausarbeit mehr oder minder zu gleichen Teilen aufteilen konnten, gilt: Wenn die Haushaltsarbeit anfängt, ein bestimmtes Pensum zu überschreiten, beide Partner unter Zeitdruck stehen und man es sich finanziell leisten kann, auf eine bezahlte Haushaltshilfe zurückzugreifen, ist die Beschäftigung einer Putzfrau eine auch konfliktsparende Lösung für das leidige Thema Wohnungsputz.

Hinzu kommt noch, dass das traditionelle Rollenverhalten, spätestens wenn Kinder im Spiel sind, auch durch die Politik gestützt wird, denn was die gegebenen Strukturen des Arbeitsmarktes nahe legen, wird durch die staatliche Sozial- und Steuerpolitik untermauert, die eine ganz bestimmte Haushalts- und Familienform begünstigt. Sozial- und steuerpolitische Maßnahmen gehen durch ihre Konstruktionslogik idealtypisch von einer Arbeitsteilung aus, wonach es einen Familienernährer gibt, dem eine zugeordnete Ehefrau den Rücken von Alltagskram wie Kleinkinderversorgung freihält. Diese steigt nach der Geburt eines Kindes aus dem Beruf aus bzw. schränkt ihre Berufstätigkeit ein, wobei Elternzeit und das sogenannte Ehegattensplitting in Anspruch genommen werden. Dieser Politik entspricht, dass es nach wie vor in Deutschland keine flächendeckende Versorgung mit qualitativ hochwertigen Kinderbetreuungseinrichtungen, Ganztagsschulen oder anderen Dienstleistungsangeboten zur Entlastung von Familien gibt.

Solche politischen Konstruktionen sind auf den ersten Blick geschlechtsneutral, denn natürlich steht nirgendwo, dass der Mann die eher öffentliche, berufsbezogene und die Frau die private, familienbezogene Rolle übernehmen muss oder auch nur soll. Prinzipiell lässt sich das institutionell konservative Familienernährermodell der deutschen Sozial- und Steuerpolitik auch mit Rollentausch und Hausmann denken. Dafür, dass ein Rollentausch in der gelebten Praxis der Familien nur in wenigen Ausnahmefällen vorkommt, sorgen aber schon die bereits erwähnten Faktoren wie die unterschiedlichen Berufe und Verdienstchancen der Geschlechter auf dem Arbeitsmarkt.

Es hat in den letzten Jahrzehnten eine breite öffentliche und private Diskussion darüber gegeben, dass Frauen und Männer Haus-, Familien- und Berufsarbeit partnerschaftlich teilen sollten. Und die grundsätzliche Bereitschaft dazu wäre gerade in der jüngeren Generation inzwischen häufig durchaus gegeben, wenn auch in manchen gesellschaftlichen Gruppen stärker als in anderen und bei Frauen stärker als bei Männern. Aber konkrete gesellschaftliche Umsetzungsmöglichkeiten, die auf der Ebene der alltäglichen Lebensführung einfach praktikabel und für die Familien auch ökonomisch tragbar wären, sind noch lange nicht in Sicht. Das Problem ist also nicht nur und vermutlich noch nicht einmal in erster Linie die Haltung der Männer. Neue Muster häuslicher Arbeitsteilung sind zwar notwendig auf deren guten Willen angewiesen – er ist aber nur eine notwendige und noch lange keine hinreichende Bedingung für wirkliche Veränderung im gelebten Alltag.

Sieht man sich also die Rahmenbedingungen an (und die hier erwähnten waren nur einige der wichtigsten, nämlich die geschlechtsspezifische Berufswahl und die Lohnschere, die Struktur des Arbeitsmarktes, der Grundzuschnitt der Sozial- und Steuerpolitik, die Abwesenheit guter und flächendeckender Betreuungseinrichtungen für Kinder), dann ist klar, dass sie sich nicht von heute auf morgen verändern lassen. Das gälte auch, wenn alle gesellschaftlichen Kräfte an einem Strang zögen, was bekanntlich nicht der Fall ist. Und selbst dann, wenn Rückenwind für größere Reformen aus dem Familienministerium kommt, dauert es sehr lange, gesellschaftliche Strukturen zu verändern, die in Jahrhunderten entstanden sind. Wichtig ist, sich klar zu machen, dass Familienpolitik nicht nur, noch nicht einmal hauptsächlich im Familienministerium gemacht wird – wie Familien leben, entscheiden letztlich viele gesellschaftliche Institutionen und Akteure.

Neben solchen »objektiven« Hindernissen, Muster von Arbeitsteilung zu verändern, gibt es auch durchaus ernst zu nehmende »subjektive« Hindernisse, die sich möglicherweise sogar noch schwerer überwinden lassen, da sie weniger bewusst zugänglich sind. Mit den Tätigkeiten, die wir tagtäglich verrichten, erledigen wir nicht nur einfach Arbeiten, sondern unsere Tätigkeiten und Aktivitäten sind im Hinblick auf unsere Geschlechtsentwürfe symbolisch hochgradig »aufgeladen«. Nach den Theoretikerinnen des *doing gender* stellen sie einen Teil der sozialen Konstruktion von Geschlecht dar; ein Geschlecht ist also nicht einfach etwas, was wir »haben«, sondern etwas, was wir tagtäglich tun, ein Teil unserer alltäglichen Praxis auf den verschiedensten Ebenen. Es ist vermutlich kein Zufall, dass eine der ersten einflussreichen Arbeiten zum Ansatz des *doing gender* von Sara Fenstermaker Berk aus einer Untersuchung über Hausarbeit hervorgegangen ist.[23] Denn Hausarbeit ist eine ganz besonders geschlechtskonstruierende Tätigkeit. Sie ist emotional mit Bedeutungen und Interpretationen darüber aufgeladen, wer wir als Frauen und Männer sind und wer wir sein wollen. Mit ihrer Verrichtung oder Verweigerung tauchen unweigerlich Fragen von Macht, Hierarchie und Dominanz auf, zusammen mit den dazugehörigen, nicht immer unambivalenten Emotionen. Bewusste Einstellungen, mehr oder minder bewusste Gefühle und alltägliche Praxis passen hier nicht immer zusammen. Jenseits der objektiven strukturellen Hindernisse gibt es also auch zahlreiche eher unbewusste Mechanismen, die neue, nicht traditionelle Arbeitsteilungsmuster verhindern können.

Außerdem gilt, dass aller öffentlichen Gleichheitsrhetorik zum Trotz Veränderungen in diesem Bereich weder von Männern noch von Frauen immer gewünscht werden. Zu erinnern ist daran, dass ein verändertes Bewusstsein und damit die Motivation, neue Arbeitsteilungsmuster auszuprobieren, außerhalb bestimmter, vor allem städtischer und akademischer Milieus noch immer kaum weit verbreitet ist. Die Haltungen der intellektuellen Frauen in Journalismus, Politik und Wissenschaft prägen zwar den öffentlichen Diskurs über solche Themen, und danach ist gleiche Verteilung von Haus- und Familienarbeit ein anzustrebendes poli-

---

23 Vgl. Sara Fenstermaker Berk, The Gender Factory. The Apportionment of Work in American Households, New York/London 1985.

tisches Ziel. In den Partnerschaften und Familien in Kleinglockenhausen, aber auch in den Haushalten anderer sozialer Schichten und Milieus in Metropolen wie Hamburg, München oder Berlin herrscht meist ein anderer Diskurs mit ganz anderen normativen Selbstverständlichkeiten.

Dennoch ist, trotz der geringen Veränderung bei der Verteilung der Hausarbeit zwischen den Geschlechtern, nicht alles beim Alten geblieben. Die Veränderungen finden jedoch – anders als vielfach in der öffentlichen Diskussion angenommen – nicht in erster Linie zwischen Frauen und Männern, sondern vor allem zwischen unterschiedlichen Gruppen von Frauen statt. Das ist insofern bemerkenswert, als dies eine Entwicklung ist, die niemand gefordert und niemand gefördert hat. Nirgendwo wurde öffentlich darüber nachgedacht, wie man die zunehmend in den Beruf drängenden Frauen in Deutschland am besten dadurch von Hausarbeit entlastet, dass man die Arbeit, die sie bisher verrichtet haben, anderen Frauen überträgt. Doch genau dieser Prozess scheint, von der Öffentlichkeit weitgehend unbemerkt geblieben, in Gang gekommen zu sein. Der Löwenanteil der Hausarbeit in Deutschland wird zwar noch immer unentgeltlich erledigt, überwiegend von Frauen im Familienverband, und das dürfte vielfach auch dort gelten, wo Haushalte eine Putzfrau beschäftigen, aber aus vielen Haushalten ist die Putzfrau heute nicht mehr wegzudenken.

Die Umverteilung von Arbeit zwischen Frauen ist im Rahmen der heutigen, komplex gewordenen alltäglichen Lebensführung außerordentlich facettenreich. Vermutlich findet die quantitativ bedeutendste innerhalb des Verwandtschaftsnetzwerkes statt, etwa zwischen Müttern und Großmüttern. Studien über alltägliche Lebensführung zeigen, dass die meisten der berufstätigen Mütter nur mit der Unterstützung einer rüstigen Oma ihrem Beruf nachgehen können. Arbeit wird aber auch innerhalb von Freundschafts- und Nachbarschaftsnetzwerken umverteilt bzw. zu rationalisieren versucht: Hol- und Bringdienste zum Fußballplatz oder gegenseitige Kinderbetreuungsarrangements in der Nachbarschaft sind hierfür einige Beispiele. Bezahlte Haushaltsarbeit ist also nur ein Teil, wenn auch ein wichtiger Teil dieses großen Umverteilungsprozesses von Arbeit.

Wie aber funktionieren derartige Räderwerke der Kooperation und gegenseitiger Unterstützung im Detail, wie greifen die einzelnen Zahnräder ineinander? Für welche Aufgaben und in welchen Fällen greifen

Haushalte typischerweise auf bezahlte Kräfte zurück und für welche verlässt man sich eher auf Verwandte oder Bekannte? Welche Arbeiten behält man sich als Familienmutter oder -vater selbst vor? Hier gibt es noch viel für die Familienforschung zu entdecken.

Im Hinblick auf die Frage nach der Umverteilung von häuslicher Arbeit haben wir inzwischen also eine bemerkenswerte politische Situation. Vielfältigste Bestrebungen der letzten Jahrezehnte gingen von unterschiedlichster Seite dahin, traditionelle Arbeitsteilung zwischen den Geschlechtern in Frage zu stellen, um damit gleichberechtigte partnerschaftliche Arbeitsteilung in den Beziehungen und Familien in Deutschland zu realisieren. Dennoch fanden und finden Paare heute dafür in Deutschland keine einfache und auch kaum komplizierte Realisierungsmöglichkeiten in der alltäglichen Lebenspraxis. Daher ist die Wahrscheinlichkeit groß, dass nicht primär die verstärkte Beteiligung des Mannes an Haus- und Familienarbeit einer Frau die Teilhabe am Berufsleben ermöglichen, sondern dass eine oder mehrere andere Frauen – von der Großmutter über Mütter aus der Nachbarschaft bis zur Tagesmutter, Babysitterin oder eben auch der Putzfrau aus einem anderen Land – die wichtigste Entlastung darstellen werden. Aber in der öffentlichen Debatte gehen fast alle mit dem Thema »häusliche Arbeit« absurderweise meist weiterhin so um, als wäre die gelungene (oder auch misslungene) Arbeitsteilung innerhalb der Paarbeziehung die einzig relevante Frage.

Offensichtlich wird ein immer stärkeres Abstandhalten von den Belangen des täglichen Einerleis für jeden Menschen zur Voraussetzung dafür, in einem größeren Umfang an der Öffentlichkeit und am Erwerbsleben teilzunehmen. Die Schere zwischen Öffentlichkeit und Lebenswelt wird immer größer, und je höher die Position, desto ausgeprägter wird der Druck in Richtung Alltagsvergessenheit, nicht nur für Männer, sondern auch für die Frauen, die am öffentlichen Leben teilhaben wollen. Immer stärker zeichnen instrumentelle Vernunft, Effizienz und Distanz zu den vielen kleinen und großen Wechselfällen des täglichen Lebens die Lebensführung der Menschen aus, die in Deutschland öffentlich agieren, und die gesellschaftliche Entwicklung geht dahin, fürsorgliche Praxis im Alltag zu einem eher herablassend betrachteten Nebenschauplatz werden zu lassen. Und damit geht einher, sie möglichst auf »untergeordnete« Personen zu übertragen. Diese sind nicht zufällig in der Regel

Frauen, und diese sind nicht zufällig immer häufiger Frauen aus anderen Ländern. Das bedeutet aber eine neue Stufe in der Abwertung der alltäglichen Daseinsfürsorge. Sie wird immer mehr ins Abseits gedrängt und damit auch jede Person, die für sie die konkrete praktische Verantwortung übernimmt, ob Frau oder Mann, Deutsche oder Ausländerin, ob bezahlt oder unbezahlt. Das ist eine meines Erachtens problematische Entwicklung, denn die Belange der alltäglichen Lebenswelt sind für uns alle von viel zu zentraler Bedeutung, um sie und die Personen, denen die damit verbundene Arbeit übertragen wird, an den gesellschaftlichen Rand zu schieben.

Die Folgen in den Heimatländern der Haushaltshilfen

Die beschriebene Entwicklung hat in den Herkunftsländern der Haushaltshilfen ambivalente Auswirkungen. Wenn Frauen ihre Heimat für eine gewisse Zeit oder auf Dauer verlassen, um in Deutschland als Putzfrauen zu arbeiten, bedeutet das für die Daheimgebliebenen insbesondere eine Verbesserung ihrer ökonomischen Situation. Dies gilt natürlich auch, wenn Männer ihr Land verlassen, aber es finden sich in der einschlägigen Migrationsliteratur immer wieder Hinweise darauf, dass Frauen als die Zuverlässigeren gelten, wenn es darum geht, Geld für die daheim gebliebenen Kinder und Alten nach Hause zu schicken. Ob das der Realität oder eher einem Vorurteil entspricht, kann ich mit meinen Recherchen weder bestätigen noch widerlegen, da ich keine Männer befragt habe. Sehr wohl lässt sich aber sagen, dass besonders Frauen mit Kindern ihr Migrationsprojekt oft nur so lange durchhalten, weil sie der Ansicht sind, auf diese Weise das Beste für ihre Familie zu tun. In meinen Gesprächen nahmen die Pläne, was die Haushaltshilfen für die Kinder anschaffen möchten und wofür sie sparen – von besonderen Ausbildungsmöglichkeiten bis zum PC oder schönen Kleidern –, immer wieder einen breiten Raum ein.

Wer versorgt die daheim gebliebenen Kinder aber ganz praktisch, wenn ihre Mütter es nicht selbst tun können? Hier ist das familiale Netzwerk die erste Auffangstation, und mit Abstand am häufigsten begegnete mir eine Betreuungsvariante im Rahmen der Familie: Die in der Heimat gebliebenen Kinder und Alten wurden von den eigenen Verwandten, den Großmüttern, Schwestern, Tanten und auch den Ehemännern betreut.

Daneben gibt es etwa das Modell der bereits erwähnten und auch aus der Literatur bekannten »polnischen Cousinen« (die im konkreten Fall auch Frauen anderer nationaler Herkunft sein können). Hier teilen sich zwei Frauen – seien es Verwandte oder Freundinnen – die bezahlte Arbeit und die Wohnung in Deutschland ebenso wie die Versorgung der eigenen Familien in der Heimat nach einem Rotationssystem auf. Die besondere Leistungsfähigkeit solcher Modelle ist, dass sie außerordentlich flexibel auf die verschiedensten Wechselfälle der Kinder- und Altenversorgung reagieren können. Eine weitere Betreuungsvariante besteht darin, dass die Frauen, die in Deutschland Haushaltsarbeit gegen Bezahlung verrichten, in ihrem Heimatland andere Frauen anstellen, um die dort ausfallende Arbeitskraft der Hausfrau und Mutter zu ersetzen.

In Polen beispielsweise bessern Rentnerinnen ihre dürftige Rente dadurch auf, dass sie die Kinder der nach Deutschland und anderswohin pendelnden Putzfrauen versorgen, dort, wo keine eigene Oma zur Verfügung steht. Die Kosten für eine solche Ersatzoma betragen für einen Monat etwa das, was eine Putzfrau in München oder Hamburg an einem Nachmittag verdienen kann. Damit kann sich für eine alte Frau in Polen die Durchschnittsrente verdoppeln. Es pendeln aber auch Frauen zum Beispiel aus der Ukraine nach Polen ein, um in polnischen Privathaushalten Arbeit gegen Bezahlung zu verrichten. Diese globale Betreuungskette[24] ist vermutlich einmal um den Erdball gespannt.

Eine typische Kehrseite der ökonomisch meist unverzichtbaren arbeitsteiligen Versorgung der Familie ist, dass nach einer Zeit der Abwesenheit eine gewisse Entfremdung zwischen den Müttern und ihren Kindern ebenso wie zwischen den Frauen und ihren Männern fast nicht zu vermeiden ist. Schwierige Familienverhältnisse, Eheprobleme, Probleme mit den Kindern, die sich von ihren Müttern allein gelassen fühlen, sind

---

24 Vgl. hierzu grundlegend Arlie Russell Hochschild, Globale Betreuungsketten und emotionaler Mehrwert, in: Will Hutton/Anthony Giddens (Hg.), Die Zukunft des globalen Kapitalismus, Frankfurt am Main 2001.

nicht nur in den von mir untersuchten Fällen typisch, sondern finden sich in der gesamten einschlägigen Forschungsliteratur.

Diese Frage stand zwar nicht im Zentrum meiner Recherchen, doch es wurde deutlich, dass die Betreuungsvariante »Großmutter« oder eine andere weibliche Verwandte für die Mütter meist zufriedenstellender verläuft als die Betreuung durch den Ehemann. Wer nicht freiwillig Hausmann wird, sondern aus Not, etwa wegen Arbeitslosigkeit, empfindet die Rollenumkehr in der Familie in der Regel nicht als Emanzipationschance, sondern eher als persönliches Versagen. Etliche Ehen der Frauen haben die Trennung mitsamt der veränderten innerfamilialen Machtbalance, wenn die Frau zur Hauptverdienerin wird, nicht gut oder auch gar nicht überstanden.

Zu ähnlichen Ergebnissen kommt Jörg Alt, der sich empirisch mit »Illegalen« vor allem aus der Ukraine beschäftigt hat: »Im Zuge meiner Arbeiten kann ich vermehrt beobachten, dass der immer länger werdende Abstand zu Angehörigen das Familienleben zunehmend angespannt sein lässt, denn: Telefonate, Briefe und selbst Besuche können nur in seltenen Fällen zwischenmenschliche bzw. familiäre Beziehungen ausreichend pflegen. Ein zusätzlicher Spannungsfaktor ist, wenn der zurückbleibende Partner mit der Versorgung der Angehörigen überfordert ist, was häufig der Fall ist, wenn die Mutter zur Arbeitsaufnahme emigriert und der Mann den Haushalt führen, die Eltern pflegen und/oder die Kinder erziehen muss. Es geschah öfter, dass zurückgebliebene Männer unter ihrer Deklassierung als Arbeitslose leiden und alkoholabhängig werden; wenn beide Elternteile im Ausland arbeiten, laufen die Kinder aus dem Ruder, weil die Großeltern mit deren Erziehung überfordert sind; oder einer oder beide Partner fangen eine neue Beziehung an usw.«[25]

Die Frauen, die in unseren privaten Haushalten arbeiten, zahlen, auch wenn sie die Situation ihrer Familien ökonomisch verbessern können, dafür oft einen hohen Preis. Und was bedeutet es für die Kinder in diesen Ländern – für jedes einzelne Kind, aber langfristig auch für die Gesamtentwicklung einer Gesellschaft –, wenn sie ohne ihre Mütter aufwachsen? Was bedeutet es für die Familiendynamik, wenn die Familienmit-

---

25 Jörg Alt, Transnationale Räume illegaler Migration, in: *Migration und Soziale Arbeit*, 26. Jg., Heft 2, Juli 2004, S. 98–107, Zitat S. 103.

»Scenes of Malaysian Life«. Lat.

glieder über Monate oder Jahre keinen direkten persönlichen Kontakt untereinander haben?

Von den Philippinen wissen wir beispielsweise, dass zurzeit mehrere Millionen Frauen in häuslichen Diensten weltweit unterwegs sind, hauptsächlich innerhalb Asiens, aber auch in den Emiraten, den USA und Europa. Und auch viele philippinische Männer suchen häufig im Ausland Arbeit. Die Konsequenz ist, dass inzwischen 30 Prozent aller philippinischen Kinder, das sind ca. acht Millionen, zumindest zeitweise ohne ihre Mutter oder ihren Vater aufwachsen. Dies ist ein Beispiel für das Abschöpfen der Ressourcen eines armen Landes durch die entwickelten Länder der Welt, das eine ganz andere Art von Schaden anrichten dürfte, als wenn die Industrieländer ihren Kaffee oder ihren Kupfer viel zu billig importieren.

Ein Blick über Deutschland hinaus – Haushaltsarbeiterinnen unterwegs rund um den Globus

Ausländische Haushaltshilfen sind nicht nur in Deutschland, sondern vielerorts auf der Welt anzutreffen. Im Winter 2004/05 habe ich viel Zeit in den USA verbracht, und zu diesem Zeitpunkt war der Skandal um den ehemaligen Polizeichef von New York aktuell. Bernard Kerik war ursprünglich George W. Bushs erste Wahl für die Neubesetzung der Leitung der Behörde zur Koordination der Terrorismusbekämpfung, des Homeland Security Office, gewesen. Er bekam den Posten nicht, weil aufflog, dass er eine illegale Migrantin als Haushaltshilfe beschäftigt hatte. Man diskutierte im Fernsehen, ob es dem Präsidenten generell an politischem Fingerspitzengefühl fehle, weil er mit Kerik aufs falsche Pferd gesetzt habe, und es wurde gefragt, wer nun stattdessen die geeignete Person sein könnte. Aber über das Massenphänomen der Beschäftigung von illegalen Haushaltshilfen in den USA sprach man nicht. Die Journalisten fragten nicht danach, wer diese Person eigentlich war, wie sie als Illegale ausgerechnet zu einem Job beim Polizeichef kam und was aus ihr nach dem Skandal geworden ist. Wo arbeitet sie heute? Wurde sie ausgewiesen? Aber man hat noch nicht einmal verraten, aus welchem Land die Frau ursprünglich kam.

Kerik war nicht der erste vorgesehene Kandidat für ein hohes Amt in den USA, der aus einem solchen Grund unerwartet das Ende seiner politischen Karriere erreichte, und nicht nur Republikaner müssen sich mit solchen Problemen herumschlagen. Im Oktober 2001 ging es der vorgesehenen Arbeitsministerin Linda Chavez nicht anders, denn bei ihr zu Hause arbeitete eine illegale Haushaltshilfe aus Guatemala. Das war für den damaligen Präsidenten, den Demokraten Bill Clinton, umso misslicher, als es mit seiner designierten Justizministerin Zoe Baird 1993 schon einmal den gleichen Ärger gegeben hatte. In Bairds Haushalt arbeiteten gleich zwei Illegale aus Peru. Und auch Clintons zweite Wahl für die Leitung des Justizministeriums, Kimba Wood, musste ihre Kandidatur wegen einer illegalen Kinderbetreuerin zurückziehen. Das war etwa zu der Zeit, als in Berlin der SPD-Bürgermeisterkandidat Momper über seine illegale Putzfrau »stolperte«.

Kurz nach dem Kerik-Skandal fand das Tsunami-Unglück statt, das in seinen unvorstellbaren Dimensionen alle anderen Themen aus den Medien verschwinden ließ, und so saß ich eines Tages vor einem Bericht über ein zerstörtes Fischerdorf in Sri Lanka, so wurde es zumindest bezeichnet. Die Kamera machte einen Schwenk über zertrümmerte Boote am Strand, bevor sie einen einzelnen Fischer vor seinem zerstörten Haus in den Blick nahm. Der Mann schilderte, wie sein Boot und sein Haus von der Flutwelle weggerissen wurden und wie alles, wofür er und seine Frau jahrelang gearbeitet hatten, in wenigen Minuten dem Wasser zum Opfer fiel. Die Frau des Fischers kam in dem Bericht nicht persönlich vor, von ihr hielt der Fischer jedoch ein Foto in die Kamera und erzählte, seine Frau arbeite seit acht Jahren in einem Haushalt in Kuwait. Von dem Geld, das sie jeden Monat nach Hause geschickt hat, habe sich die Familie das Haus gebaut, das nun in Trümmern liegt, und nun seien all ihre Jahre fern der Heimat ohne die Familie umsonst gewesen.

Es war ein bewegender Bericht. Man konnte die Betroffenheit in der Stimme des Journalisten hören, als die Kamera wieder auf die Boote schwenkte und er aus dem Off seinen Schluss sprach: »Das Meer gab diesem Dorf alles und nahm ihm auch alles.« Ich war fassungslos über diesen Satz, der sehr deutlich belegt, dass der Journalist dem Fischer, der von seiner Frau erzählte, nicht zugehört hat. Diese Frau, die seit acht Jahren in Kuwait lebt, weil der Fischfang nicht ausreicht, die Familie hier zu ernähren, muss – wie die vielen anderen Frauen, die im Ausland arbeiten – zusätzlich zu all ihren Verlusten damit fertig werden, dass ihre Lebensleistung nicht einmal dann wahrgenommen wird, wenn ihr Mann ein Foto von ihr direkt in die Kamera des Journalisten hält.

Im Haus meiner amerikanischen Kindheitsfreundin Kathy, inzwischen wohlhabende alleinerziehenden Geschäftsfrau in einem Nobelvorort von New York, treffe ich auf ihre Haushälterin Clare. Sie ist etwa 30 Jahre alt, stammt ursprünglich aus Jamaika, hat aber in den letzten Jahren vor allem in Saudi-Arabien, London und Singapur gelebt. Clare war immer als Hausangestellte bei reichen, meist global agierenden Geschäftsleuten beschäftigt. Seit der Geburt ihrer eigenen Tochter, die zum Zeitpunkt unseres Gesprächs vier Jahre alt war, ist sie vergleichsweise sesshaft geworden und lebt erstmals in einer eigenen Wohnung, als alleinerziehende Mutter in einem Wohnblock von Illegalen in der Bronx. Genauer gesagt, verbringt sie dort mit der Tochter ihre Wochenenden. Montags früh steigt sie in den Vorortzug, um bis Freitagnachmittag als *live-in* in Kathys Haushalt zu leben und zu arbeiten. Zu meiner Überraschung erfahre ich, dass Clare keinen Führerschein hat, was in den Augen ihrer Arbeitgeberin jedoch von Vorteil ist, denn ohne Zugang zu einem Auto ist garantiert, dass sie von Montag bis Freitag rund um die Uhr immer nur für Kathys Familie zur Verfügung steht. Zu Fuß kommt man in diesem weitläufigen Suburb, wo es keine öffentlichen Verkehrsmittel gibt, nirgendwohin. Während Clare den Haushalt versorgt und sich um Kathys zehnjährigen Sohn und die siebenjährige Tochter kümmert, wird ihre eigene kleine Tochter auch von einer bezahlten Kinderbetreuerin versorgt – im Apartment einer ebenfalls illegal in New York lebenden jamaikanischen Nachbarin.

Meine 85-jährige Tante Alice wohnt nach dem Tod ihres Mannes allein in ihrem großen Haus mit Garten und Swimmingpool in einer Kleinstadt in Florida, in einer der *gated retirement communities* für besser situierte alte Menschen. Hier kommt nur hinein, wer eine Gesichtskontrolle am Tor passiert. Zum Zeitpunkt meines Besuchs steht ihr mal wieder eine Operation bevor, über die sie sich verständlicherweise Sorgen macht. Da ihr einziger Sohn und ihre Enkelkinder fast am anderen Ende der USA wohnen, frage ich, wer sie denn nach der Operation versorgen wird. Gar kein Problem, sagt Tante Alice, und dann höre ich die Geschichte von Ibolya. Ibolya ist eine junge Frau aus Ungarn, die meine Tante über verwandtschaftliche Beziehungen vor längerer Zeit kennen gelernt hat; mehrere Male schon war Ibolya mit einem Touristenvisum bei Tante Alice für einige Monate zu Besuch, um sie in solchen Fällen als *live-in* gegen Bezahlung zu versorgen. Tante Alice finanziert den Flug von Budapest nach Florida, bringt Ibolya in ihrem Gästezimmer unter und zahlt ihr 1200 Dollar im Monat, solange sie Hilfe benötigt. Ist die alte Dame wieder bei Kräften, fliegt Ibolya nach Ungarn zurück. Am liebsten wäre es meiner Tante, Ibolya würde immer bei ihr wohnen. Das kann sie sich jedoch nicht leisten, und Ibolya würde es auch nicht wollen, denn sie hat in Ungarn eine eigene Familie. Außerdem gäbe es bei einem Daueraufenthalt auch Probleme mit ihrer Einreise. So hat man sich darauf geeinigt, dass Ibolya für einige Monate im Jahr kommt, und die jeweiligen Termine werden nach Bedarf ausgehandelt. Auch wenn Tante Alice längere Zeit eigentlich keine Unterstützung braucht, kommt die ungarische Haushaltshilfe, denn sie ist auf diesen Verdienst angewiesen. Dann wohnt Ibolya, die inzwischen recht gut Englisch spricht, zwar bei Tante Alice, die sich freut, dass sie Gesellschaft hat, arbeitet aber für einen anderen alten Menschen in der *retirement community.* Sie findet leicht eine Beschäftigung, denn sie ist dort inzwischen bekannt, und irgendjemand in der Nachbarschaft braucht immer gerade Unterstützung.

Zu Besuch bei meinen Athener Bekannten Toula und Spiro, höre ich, dass sie neuerdings eine bulgarische Frau als *live-in* angestellt haben, die ihre vierjährigen Zwillinge betreut und den Haushalt versorgt, seitdem Toula wieder berufstätig ist. Die Bulgarin befindet sich zum Zeitpunkt meines Besuchs gerade mal wieder bei ihrer eigenen Familie in Sofia, die sie regelmäßig besucht. Bei Toulas Schwester Eleni lerne ich Miranda, ihre albanische Putzfrau, persönlich kennen. Miranda hat sich nach mehrjährigem Pendeln nun vorläufig-endgültig mitsamt ihrer Familie in Athen als Illegale niedergelassen. Es leben viele Illegale aus Albanien in Griechenland, berichtet Eleni, und Miranda erzählt voll Stolz eine Geschichte, die vor einiger Zeit in Athen für Aufregung gesorgt hat. Ein illegaler albanischer Junge ist in die Schlagzeilen geraten, weil er als Jahrgangsbester seine Schule in einer öffentlichen Veranstaltung vertreten sollte, die traditionell vom jeweils besten Schüler jeder Schule angeführt wird. Es gab eine breite Diskussion in der Presse, ob einem Kind von Illegalen eine solche Ehre zusteht.

Solche Konstellationen sind mir zufällig begegnet, und ich kann nicht sagen, wie typisch sie sind oder gar wie verbreitet die jeweils konkreten Wanderungsbewegungen von A nach B sind. Zumindest gibt es wissenschaftliche Untersuchungen über die Frauen aus der Karibik und Lateinamerika, die an der Ostküste der USA in den privaten Haushalten arbeiten (Colen 1986, Soerensen 1999).[26] Auch eine Gruppe aus der Dominikanischen Republik fand 2001 für kurze Zeit größere Aufmerksamkeit in den Medien, als etliche Haushaltsarbeiterinnen auf ih-

---

26 Für die genauen Literaturangaben in diesem Abschnitt siehe die Anmerkungen
 S. 161 ff.

rem Weg von New York in die Heimat bei einem Flugzeugabsturz den Tod fanden.

Wie die verschiedenen weltweiten Migrationsströme von Haushaltsarbeiterinnen kreuz und quer um den gesamten Globus verlaufen, ist bisher nur unvollständig dokumentiert (erste Versuche hierzu finden sich in Ehrenreich/Hochschild 2002). Neben »klassischen« Wanderungsbewegungen von Frauen vom Land in häusliche Dienste in der Stadt im eigenen Land, wie sie in den Industrieländern früher üblich waren und zum Beispiel in Südafrika (Le Roux 1999) oder Südamerika (Chaney/Castro 1989) noch immer üblich sind, weiß man, dass es viele bedeutsame transnationale und auch transkontinentale Migrationsbewegungen von Haushaltsarbeiterinnen gibt. Philippinische Frauen arbeiten so gut wie überall in aller Welt, in mehr als 130 Ländern, und diese ethnische Gruppe ist auch am besten untersucht. Aus Italien (Campani 1993, Parrenas 2001), Deutschland (Niesner u.a. 1997), Kanada (Macklin 1994), den USA (Parrenas 2001), Zypern (Hess/Lenz 2001), Hongkong (Constable 1997), Singapur (Yeoh u.a. 1999), Malaysia (Chin 1998), Saudi-Arabien (Enloe 1989) und Japan (Tenegra 2004) liegen Studien über Haushaltshilfen von den Philippinen vor.

Nicht nur Frauen aus Lateinamerika (Chang 2000, Hondagneu-Sotelo 2001), sondern zum Beispiel auch aus Irland und England (Wrigley 1995) verrichten Haushalts- und Familienarbeit in New York und Kalifornien. Auch innerhalb Asiens finden zahlreiche Migrationsströme im Zusammenhang mit Haushaltsarbeit statt, so etwa von Sri Lanka in verschiedene arabische Länder und nach Singapur (Gamburd 2000, Yeoh u.a. 1999) oder von Indonesien nach Japan (Burualogo 2004). Wer heute eine Haushaltshilfe sucht, wird nicht nur am Schwarzen Brett des heimischen Supermarkts fündig, sondern findet mittlerweile ein weltweit gutsortiertes Angebot im Internet.

Auch die Frauen, die nach Europa kommen, stammen aus aller Welt (Anderson 2000, Ehrenreich/Hochschild 2002), und jedes europäische Land hat sein spezifisches Migrantinnenprofil, geprägt sowohl von der geographischen Lage als auch manchmal von der ehemaligen Kolonialtradition. Neben den bereits erwähnten Philippinnen migrieren zum Beispiel Nordafrikanerinnen zunehmend nach Frankreich, Spanien und Italien (Lutz 2000, Andall 2000), Frauen aus Sri Lanka nach Zypern

(Hess/Lenz 2001), Brasilianerinnen und Dominikanerinnen nach Spanien und Deutschland (Schäfer/Schultz 1999, Soerensen 1999) und Peruanerinnen nach Italien (Hillmann 1999).

Meinen Bericht über die Lebensführung einiger der ausländischen Putzfrauen, die in deutschen Haushalten Arbeit gefunden haben, gilt es deshalb richtig einzuordnen – er ist nicht mehr als eine Momentaufnahme, ein Blick auf einen winzigen Ausschnitt einer weltweiten, von der Öffentlichkeit weitgehend unbemerkten Frauen-Bewegung, die es in ihren Einzelheiten noch jeweils genauer zu untersuchen und zu beschreiben gilt. Der Arbeitsmarkt Privathaushalt ist ein riesiger, komplex strukturierter Weltmarkt geworden, und wer mit offenen Augen durch die Welt fährt, wird die ungezählten Frauen, die in den privaten Haushalten arbeiten, an vielen Orten und auf allen Kontinenten antreffen. Denn so gut wie überall kann man inzwischen Haushaltshilfen aus der ganzen Welt bei der Arbeit im Haus entdecken – immer vorausgesetzt, man will sie wirklich wahrnehmen.

IX. Und ewig so weiter? Plädoyer für eine Repolitisierung des Privaten

Hausarbeit, Kinderversorgung und Altenbetreuung sind und bleiben weitgehend ortsgebunden. Menschen, die bereit sind, diese Arbeiten gegen Bezahlung zu verrichten, in der Regel Frauen, sind es heute nicht mehr, und in vielen Ländern ist Mobilität für Frauen die wichtigste, wenn nicht die einzige Ressource, auf die sie unter veränderten gesellschaftlichen Bedingungen zurückgreifen können. Das knüpft insofern an historische Traditionen an, als der private Haushalt schon lange einen wichtigen Arbeitsmarkt für Frauen im Rahmen von nationalen und internationalen Migrationsbewegungen darstellt. Neu ist die heutige Situation allerdings in drei wichtigen Dimensionen, die zusammen auftreten können, aber nicht müssen:

– Die Frauen aus anderen Ländern, die heute in Deutschland Hausarbeit gegen Bezahlung verrichten, sind oft qualifiziert bis hochqualifiziert.

– Die Beschäftigung von ausländischen Frauen als Haushaltshilfen stellt häufig eine wichtige Ressource dafür dar, einheimische Frauen von Teilen der Hausarbeit zu entlasten und ihnen damit die Beteiligung an Beruf und Öffentlichkeit zu erleichtern.

– In vielen Fällen gehen diese Frauen kurzzyklisch strukturierte oder auch nur für kurze Zeiträume geltende Arbeitsverhältnisse ein. Viele pendeln in kurzen Zeitabständen zwischen Deutschland und ihrem Heimatland, das heißt, es handelt sich heute oft um eine spezifische Ausprägung der sogenannten Transmigration.[27] Frauen brechen also gerade deshalb oft von zu Hause auf, um zu Hause bleiben zu können.[28]

---

27 Vgl. grundlegend Nina Glick Schiller/Linda Basch/Cristina Szanton Blanc, From Immigrant to Transmigrant: Theorizing Transnational Migration, in: Pries Ludger (Hg.), Transnationale Migration, *Soziale Welt*, Sonderband 12, Baden-Baden 1997.

28 Vgl. Mirjana Morokvasic, Pendeln statt auswandern. Das Beispiel der Polen,

Damit verbunden entstehen eine Reihe von politischen Fragen im Zusammenhang von Geschlecht, Globalisierung und sozialer Ungleichheit.

(Nicht ganz so neue) Interessengegensätze von Frauen um Hausarbeit

Die offensichtlich wachsende soziale Ungleichheit zwischen Frauen mit Blick auf den Haushalt, bei der eine Gruppe von einheimischen Frauen von Teilen der Arbeit freigesetzt wird, während eine andere Gruppe diese Arbeit übernimmt, erinnert an eine der Zerreißproben der Frauenbewegung um die Wende zum 20. Jahrhundert: die sogenannte Dienstbotenfrage. Inhalt der Auseinandersetzung war die Frage, inwieweit die Frauen der damaligen bürgerlichen Frauenbewegung bereit waren, die Forderungen der um die Verbesserung ihrer Arbeitsbedingungen kämpfenden Dienstboten zu unterstützen. Denn die bürgerlichen Anhängerinnen der Frauenbewegung gehörten selbst zu der Gesellschaftsschicht, die unmittelbar von den kritisierten Arbeitskonditionen des Hauspersonals profitierte. Ute Gerhard sieht darin den »Prüfstein weiblicher Solidarität, über den die Mehrheit bürgerlicher Frauen bis zuletzt gestolpert ist«.[29]

Eine engagierte Zeitzeugin war Lily Braun, zuerst aktiv im sogenannten radikalen Flügel der ersten Frauenbewegung, später als Sozialdemokratin. Sie schrieb zur Frage der Dienstboten um die Jahrhundertwende: »Solange die Arbeiterinnenbewegung sich außerhalb der eigenen vier Wände abspielte, konnte sie bei den Frauen, die keine Unternehmer waren, noch auf Sympathien rechnen. Die Dienstbotenfrage aber machte sich in ihrem eigensten Reich, im Hause selbst, empfindlich geltend, sie verlangte direkte Opfer von ihnen und damit verwandelte sich, von wenigen Ausnahmen abgesehen, ihr Wohlwollen in Abneigung, ja vielfach in Haß.«

---

in: Mirjana Morokvasic/Hedwig Rudolph (Hg.), Wanderungsraum Europa. Menschen und Grenzen in Bewegung, Berlin 1994.

29 Vgl. hierzu sowie zu den folgenden Zitaten: Ute Gerhard, Unerhört. Die Geschichte der deutschen Frauenbewegung, Reinbek 1990, S. 241 ff.

Und Minna Cauer, eine der wichtigsten Vertreterinnen der Radikalen, ergänzte: »Die Dienstbotenfrage [...] ist nicht allein eine ernste wirtschaftliche Frage, sondern auch eine sittliche und rechtliche, vor allem aber eine Hausfrauenfrage.«

Eine dritte Stimme war die von Eliza Ichenhäuser vom Verein Frauenwohl Berlin: »Ist es nun Pflicht jedes human denkenden Menschen, einer in so trauriger Lage befindlichen Menschenklasse beizustehen, so gilt diese Pflicht für uns Frauen doppelt [...] nicht allein weil 98 Prozent aller Dienenden Frauen sind, sondern hauptsächlich deshalb, weil wir selbst ihre Unterdrücker sind, weil es überhaupt das einzige Verhältnis ist, in welchem wir Frauen uns selbst zur Rolle der Unterdrücker haben degradiren lassen.«

Diese drei Frauen nahmen mit ihren Aussagen eine Grundeinsicht der neuen Frauenbewegung der 1970er Jahre vorweg, die die politische Bühne mit der Erkenntnis betrat, dass das, was sich in den häuslichen vier Wänden abspielt, nicht einfach als Privatangelegenheit zu bewerten und zu behandeln sei, sondern Gegenstand politischer Kritik und gesellschaftlicher Auseinandersetzung sein kann und sein sollte. Die neue Frauenbewegung ist mit ihren Analysen von Hausarbeit allerdings einen wichtigen Schritt über die Einschätzung der ersten Frauenbewegung hinausgegangen und hat damit die gesellschaftliche Diskussion an einem entscheidenden Punkt vorangebracht. Mit ihrer Parole »Das Private ist politisch« widersprach sie dem »Naturgesetz«, dass ausschließlich das weibliche Geschlecht für die Verrichtung der Haushaltsarbeit zuständig sei, und sie forderte eine Umverteilung von Haus-, Familien- und Berufsarbeit zwischen Frauen und Männern. Der damit angestoßene öffentliche Diskurs hat dazu geführt, dass die Forderung, die Arbeit in der Gesellschaft zwischen den Geschlechtern anders zu verteilen, inzwischen nicht nur in feministischen Kreisen zum guten Ton gehört, sondern selbst in den politischen Verlautbarungen konservativer Parteien zu finden ist. Der Konflikt, der vordergründig ein Interessengegensatz zwischen unterschiedlichen Gruppen von Frauen zu sein scheint, stellt in Wirklichkeit ein gesellschaftliches Problem dar, das beide Geschlechter gleichermaßen betrifft. Die neue Dienstbotenfrage ist gerade keine reine Frauenfrage, denn die Konfliktlinie in der heutigen Dienstbotenfrage verläuft zwischen wohlhabenderen einheimischen

Frauen *und* Männern und Frauen anderer sozialer Schichten und Nationen.

Es wäre deshalb zu kurz gegriffen, würde man die gegenwärtige Situation auf die einfache Formel reduzieren, dass sich im heutigen Deutschland »einheimische Frauen auf Kosten anderer Frauen emanzipieren«, wenn sie eine Putzfrau beschäftigen. Denn die Forderung nach der Gleichverteilung von Arbeit zwischen Frauen und Männern im Haushalt wie im Beruf steht gesellschaftlich längst im Raum. Wie ich zu zeigen versucht habe, fehlt es allerdings nach wie vor allenthalben an Möglichkeiten der praktischen Umsetzung dieser Forderung im gelebten Alltag.

Ich meine, es ist an der Zeit, wieder einen Blick auf das Private als Arena des Politischen zu werfen. Es genügt nicht, einfach immer weiter in politischen Sonntagsreden zu mehr Gleichverteilung von Haus- und Familienarbeit in Partnerschaft und Familie aufzufordern und es damit gut sein zu lassen. In einem gesamtgesellschaftlichen Rahmen, in dem so gut wie keine der Voraussetzungen dafür gegeben sind, alternative Arbeitsteilungsmuster zu leben, ist inzwischen hinlänglich bekannt, dass individualisierte Bestrebungen eher an die Mühen des Sisyphus erinnern. Stattdessen wäre es an der Zeit, die alltagspraktischen Voraussetzungen für partnerschaftliche Arbeitsteilung zwischen den Geschlechtern politisch zu gestalten, denn die braucht es ebenso dringend wie den guten Willen der einzelnen Frauen und Männer.

Außerdem ist es meines Erachtens nicht zielführend, die öffentliche Diskussion über geschlechtsspezifische Arbeitsteilung und ihre Veränderung weiterhin nur mit Bezug auf ein einzelnes Land zu führen. Wege der Umverteilung von Arbeit zwischen den Geschlechtern wurden bisher – ob in wissenschaftlichen Diskussionen oder im öffentlichen Diskurs – meist im Rahmen des Nationalstaats diskutiert. Das Phänomen der in Deutschland massenhaft arbeitenden ausländischen Haushaltshilfen zeigt aber, dass diese Perspektive nicht weit führt. Denn solange die notwendigen, lange überfälligen Veränderungen der gesellschaftlichen Rahmenbedingungen für Geschlechtergerechtigkeit in Haushalt und Familie in Deutschland auf sich warten lassen, werden viele deutsche Haushalte, die es sich leisten können, ihre hauswirtschaftlichen Probleme quasi »exportieren«, indem sie einen Teil der Alltagsarbeit weniger privilegierten Frauen aus anderen Ländern übertragen.

Das »dirty little secret« des deutschen Wohlfahrtsstaates – und wie könnte es weitergehen?

Die Dienstbotenfrage des 21. Jahrhunderts ist also nicht nur eine Frage der geschlechtsspezifischen Arbeitsteilung, sondern sie wird immer stärker auch zu einer Frage der internationalen Arbeitsteilung. Hierbei wirken mehrere Faktoren zusammen.

Zum einen gibt es ein schier unerschöpfliches Angebot an Arbeitskräften in aller Welt, die bereit sind, Haushaltsarbeit in reichen Ländern wie Deutschland gegen Bezahlung zu verrichten. Die Arbeit im privaten Haushalt bei uns ist durchaus verlockend als vergleichsweise »guter« Job aus der Sicht von Menschen aus ärmeren Ländern, die im eigenen Heimatland keineswegs bereit wären, zu den dort üblichen Bedingungen ihren Lebensunterhalt als Putzfrau zu verdienen.

Die Ecuadorianerin Carmen sagt zur Frage, ob sie bereit wäre, auch in ihrer Heimat als Putzfrau zu arbeiten: »Putzen!? Uff! Ich könnte nichts verdienen! Die Putzfrauen sind dort die Frauen, die weniger verdienen. Es ist schon gut, hier zu putzen, es lohnt sich hier. Aber die dort, die kriegen ja höchstens 50 Dollar pro Monat. Müssen auch alles machen. Wir haben auch keine Waschmaschinen. Na ja, im Norden [dem reichen Teil von Quito], na ja, da haben die auch Waschmaschinen, die müssen da nicht mit der Hand waschen. Sonst wäscht man mit der Hand. Bei uns ist das normal. Auch die Bettwäsche.«

Zum anderen wird die Migration dieser Arbeitskräfte von politischer Seite gefördert, denn das Phänomen des massenhaften Angebots an ausländischen Haushaltshilfen ist kein »zufälliges«, und es ist auch keines, das sich »gegen« geltende gesellschaftliche Strukturen durchsetzt. Im Gegenteil: Die Arbeitskraft der in den Privathaushalten beschäftigten ausländischen Frauen wird durch eine bestimmte staatliche Politik sowohl der entsendenden Länder als auch der Bundesrepublik Deutschland verfügbar gehalten. Gäbe es eine andere Politik – nicht nur eine andere Ausländerpolitik, sondern auch eine andere Familienpolitik, eine andere Arbeitspolitik, eine andere Bildungspolitik –, wäre sowohl die Angebotsstruktur von Arbeitskräften als auch die Nachfrage der Privathaushalte vermutlich anders.

Diese Aussage kann noch zugespitzt werden. Die gegenwärtige Politik ist meines Erachtens nicht nur dafür verantwortlich, dass die Arbeitskraft der cosmobilen Haushaltshilfen verfügbar gehalten wird, sondern auch dafür, dass dies in einem bestimmten Zuschnitt – nämlich vorwiegend entweder als marginalisierte und/oder als illegale – geschieht.

Ich halte das zwar nicht für das Ergebnis einer systematisch durchdachten Gestaltungsstrategie, die irgendwann bewusst entschieden und anschließend gezielt verfolgt worden wäre; es dürfte ziemlich sicher keine politische Instanz gegeben haben, die irgendwann wie bei der Green-Card-Diskussion um die Computerfachleute beschlossen hat: Wir wollen in Deutschland in den nächsten Jahren eine Heerschar von Ausländerinnen aufnehmen, die hierzulande in den Privathaushalten als Putzfrauen arbeiten sollen. Sehr wohl lässt sich aber eine Mischung aus Nicht-genau-Hinschauen, mehr oder minder wohlwollender politischer Gleichgültigkeit und billigendes Inkaufnehmen beobachten.

Wie solche politischen Prozesse verlaufen, illustriert ein Beispiel vom Beginn des Jahres 2004. Für eine sehr kurze Zeit wurde das millionenfache Phänomen der häuslichen Beschäftigten in der Öffentlichkeit sichtbar, aber dann verschwand das Thema wieder von der Bildfläche, ebenso schnell wie es aufgetaucht war.[30] Was war geschehen? Im Rahmen ihrer Kampagne zur Bekämpfung der Schwarzarbeit hatte sich die damalige rot-grüne Bundesregierung vorgenommen, selbige härter zu bestrafen. Dabei waren auch die vielen Putzfrauen der privaten Haushalte auf einmal in den Blick der Medien geraten. Plötzlich bekamen es viele Menschen mit der Angst zu tun: Würde man vielleicht angezeigt, wenn auffiele, dass man eine Haushaltshilfe beschäftigt? Sofort ging ein nervöses Raunen durchs Land, denn ein guter Teil der deutschen Mittelschicht war von diesem Thema persönlich betroffen. Diese Menschen fühlten sich nun verunsichert und an den Pranger gestellt. Wie der sprichwörtliche Elefant im Porzellanladen hatte die Politik massiv an einem »dirty little secret« des Alltags im deutschen Wohlfahrtsstaat gerührt.

---

30 Vgl. Rose Marie Huber, Illegale Haushaltshilfen im Spiegel der Presse – eine qualitative Auswertung der jüngeren Diskussion. Unveröffentlichte Diplomarbeit, Fachhochschule München, Fachbereich Sozialwesen, Sommersemester 2004.

Die Aufregung, die damals durch die Bevölkerung ging, war meines Erachtens völlig berechtigt. Denn anstatt danach zu fragen, warum die Haushalte millionenfach darauf gekommen waren, eine schwarzarbeitende Putzfrau anzustellen, um ihre hauswirtschaftlichen Alltagsprobleme zu lösen, hatte die Politik die Arbeit der Haushaltshilfen und den Bedarf der Menschen, die sie beschäftigen, einfach nur als »abweichendes Verhalten« thematisiert.[31] Dabei wäre die Antwort auf diese Frage relativ leicht zu finden gewesen. Schwarzarbeit im Haushalt ist ein nahe liegendes privates Hilfskonstrukt, auf das Menschen in Deutschland zur Bewältigung ihrer hauswirtschaftlichen Probleme im Alltag zurückgreifen, weil es dazu kaum praktikable Alternativen gibt. Und nicht selten sind diese Arbeitsverhältnisse aus der Not geboren. Denn Deutschland ist ein Land, dessen wohlfahrtsstaatliche Regelungen noch immer in einem institutionell konservativen Gehäuse stecken, obwohl sich die Lebensbedingungen der Bevölkerung, die Haushaltsstrukturen sowie die persönlichen Zielsetzungen der Menschen massiv verändert haben und oft dazu in Widerspruch stehen.

Zum Glück hat die Regierung sehr schnell eingesehen, dass sie mit ihrer Kriminalisierung der Schwarzarbeit im privaten Haushalt in unzählige Fettnäpfchen getreten war. Sie hat sofort auf den spürbaren Unwillen der Bevölkerung reagiert und überraschend klargestellt, dass man die Arbeit im privaten Haushalt mit der Schwarzarbeitskampagne gar nicht gemeint hatte. Warum nicht, war für mich nie so richtig nachvollziehbar – ist es denn keine Arbeit, die Frauen wie Celina Gonzales oder Maria Nowak verrichten? Offenbar nicht, denn statt nach deren Arbeitsbedingungen zu fragen, war aus Berlin viel über den gegenseitigen Austausch im Rahmen der Nachbarschaftshilfe zu hören, den man auf keinen Fall anprangern wolle. Auch das habe ich nicht ganz verstanden – schließlich liegen weder Krakau noch Quito in unmittelbarer Nachbarschaft zu München oder Hamburg. Und von einem »Austausch« kann auch nicht so recht die Rede sein. Mir sind bisher jedenfalls keine Deutschen begegnet, die ab und an nach Polen oder Ecuador fahren, um die Wohnungen ihrer Haushaltshilfen sauber zu machen. Wie auch immer

---

31 Merkwürdigerweise blieb die massenhafte Beschäftigung von Kinder- und Altenbetreuerinnen in dieser Diskussion außen vor.

der Beschluss politisch schöngeredet wurde – es wurde entschieden, der ungemeldeten Tätigkeit im privaten Haushalt im Regelwerk zur Bekämpfung der Schwarzarbeit einen Sonderstatus zuzuweisen und sie lediglich als Ordnungswidrigkeit zu behandeln. Und damit wieder echte Ruhe in die Angelegenheit kam, ließ man zusätzlich noch durchblicken, dass man auf den Bereich Privathaushalt ohnehin nicht so genau schauen werde. Dann wurde das Thema ganz schnell ad acta gelegt, bevor irgendjemand auf den Gedanken kommen konnte, grundsätzlichere Fragen zur Verteilung von Hausarbeit in Zeiten der Globalisierung aufzuwerfen. Man konnte das kollektive Aufatmen, das danach durchs Land ging, fast hören – die Putzfrau konnte bleiben! Damit bekam das, was die Haushalte in Deutschland ohnehin seit Jahren unbehelligt tun, wenn nicht einen staatlichen Gütesiegel, dann doch wenigstens so etwas wie eine offizielle Unbedenklichkeitsbescheinigung.

Was bedeutet es aber, wenn der Status quo mit einer solchen politischen »Lösung« gutgeheißen wird und alle einfach wieder zur Tagesordnung übergehen? Ich halte das für eine außerordentlich problematische Strategie, denn damit wird ein eklatantes demokratisches Defizit in massenhaft existierenden Arbeitsbeziehungen stillschweigend fortgeschrieben. Um nicht missverstanden zu werden: Ich plädiere nicht für die intensivere Bekämpfung der Schwarzarbeit im privaten Haushalt und die Kriminalisierung der Betroffenen, sondern meine, dass es Zeit wird, auch im privaten Haushalt den seit über hundert Jahren in Europa selbstverständlich geltenden Grundregeln der sozialen Ordnung von Arbeitsbeziehungen politisch zum Durchbruch zu verhelfen.

Sicher erfahren nicht alle Menschen, die in privaten Haushalten arbeiten, ausschließlich Übles. Aber derzeit ist für die Frage, ob in einem konkreten Haushalt gute Arbeitsbedingungen vorherrschen, vor allem die Tatsache bedeutsam, ob die Arbeitgeber anständige Menschen sind oder nicht. Die Regelungen von Arbeitsrecht und Gesetzgebung greifen in diesem Arbeitsbereich de facto nicht. Hier sehe ich einen erheblichen politischen Handlungsbedarf, denn die heute migrierenden Haushaltshilfen, die auf einem globalen Arbeitsmarkt beschäftigt sind, haben in ihren Beschäftigungsverhältnissen bisher keinen politischen Status. Der Staat, in dem sie ihrer Arbeit nachgehen, ignoriert ihre Existenz entweder völlig (und das ist für die Betroffenen meist der günstigere Fall) oder aber er erkennt sie nicht als gleichwertige (arbeitsmarkt)politische Subjekte mit legitimen Rechtsansprüchen an. Damit haben sie nicht nur keine soziale Absicherung, sie haben auch nicht ohne weiteres Zugang zu den üblichen arbeitsrechtlichen Institutionen, die im Fall von Missbrauch ihrer Rechte am Arbeitsplatz – von Vorenthaltung des Lohns bis sexueller Belästigung – üblicherweise zur Verfügung stehen. Das Problem liegt weniger darin, dass es keine arbeitsrechtlichen Regelungen dieses Bereichs gäbe, sondern darin, dass es keine gesellschaftlichen Akteure gibt, die den existierenden Regelungen alltagspraktische Geltung verschaffen würden. Was wird eine schwarzarbeitende ausländische Putzfrau schon unternehmen, wenn ihr Unrecht widerfährt? Die wenigsten werden die Gerichte bemühen. Mit anderen Worten: Im privaten Haushalt wird Arbeitskraft heute gewissermassen extraterritorial zu Markte getragen. Diese Arbeit unterliegt nicht der Regelung eines souveränen Staates, sondern findet unter quasifeudalen Bedingungen statt. Souverän ist der einzelne arbeitgebende Haushalt, und der individuellen Willkür ist damit Tür und Tor geöffnet. Von Ausbeutungsverhältnissen übelster Art bis recht freundschaftlichen Beziehungen zwischen Arbeitgeberin und Arbeitnehmerin ist dann alles möglich, aber nichts einklagbar, zumindest nicht ohne weiteres.

Politischer Handlungsbedarf ergibt sich meines Erachtens auch aus unserer gegenwärtigen Abschöpfung der Humanressourcen armer Länder bei gleichzeitiger Auslagerung der Kosten, die aus den hier bestehenden Arbeitsverhältnissen resultieren. Wenn deutsche Haushalte schon die Arbeitskraft von oft gutausgebildeten Menschen anderer Nationen in Anspruch nehmen, die sich anderswo qualifiziert haben, ohne dem deutschen Steuerzahler irgendwann damit zur Last zu fallen, dann sollten zumindest die Kosten für Krankheit und Berufsunfähigkeit, die durch ihre Arbeit in Deutschland zustande kommen, auch von deutscher Seite aufgefangen werden. Ähnliches gilt für die Altersversorgung, wenn sich die Arbeit von Putzfrauen in Deutschland über viele Jahre erstreckt. Wenn Sozialpolitik im 21. Jahrhundert weiterhin umfassend greifen soll, müssen Regelungen gefunden werden, die auch den veränderten Mobilitätsgewohnheiten heutiger Arbeitskräfte entsprechen, die sich in einem transnationalen Arbeitsmarkt orientieren (müssen).

Was folgt aus diesen Überlegungen? Auf politischer Ebene sollte daran festgehalten werden, dass die Aufhebung der geschlechtshierarchischen

Arbeitsteilung einen, wenn nicht den Kernpunkt der Chancengleichheit zwischen Frauen und Männern darstellt. Man wird sich allerdings darauf einstellen müssen, dass dies eine erheblich komplexere politische Aufgabe ist als bisher gedacht, nicht zuletzt weil wir nicht nur über den Tellerrand des einzelnen Haushaltes, sondern auch über die Grenzen von Nationalstaaten hinaussehen müssen.

Es muss außerdem ein Ende sein mit der Kriminalisierung des Bestrebens, Arbeit zu suchen. Denn es ist ein grundlegendes menschliches Bedürfnis, sich und die Familie durch eigene Arbeit zu ernähren. Die Migration von Menschen, weg aus Lebensbedingungen, in denen sie dieses Bedürfnis nicht erfüllen können, in Arbeitsverhältnisse, von denen wir in Deutschland summa summarum profitieren, wirft unbestritten zahlreiche gravierende gesellschaftliche Probleme auf, übrigens nicht nur in Deutschland, sondern auch in den Entsendeländern. Aber solche Probleme dürfen nicht auf dem Rücken der einzelnen Migrantinnen ausgetragen werden. Derzeit finden die nach Deutschland kommenden ausländischen Frauen, von denen sehr viele prinzipiell auch für vielfältigste andere Tätigkeiten qualifiziert sind, meist nur im Arbeitsmarktsegment Privathaushalt Beschäftigung. Und obwohl von offizieller Seite so getan wird, als würde man alles Erdenkliche tun, um der weiteren Zuwanderung Einhalt zu gebieten, werden bestimmte Schlupflöcher bewusst toleriert, damit diese Menschen genau diese Arbeit in den Privathaushalten – aber keine andere – verrichten können. Das kann keine politische Dauerlösung sein.

Es gibt bei der Gestaltung der Rahmenbedingungen von Arbeit im privaten Haushalt nur zwei legitime und damit langfristig tragfähige Alternativen: Entweder werden die Voraussetzungen dafür geschaffen, dass die anfallende Arbeit in deutschen Haushalten von den Einheimischen selbst verrichtet werden kann, oder wir müssen für die Sicherung von Arbeits- und Bürgerrechten für die Menschen sorgen, die aus dem Ausland zu uns kommen, um uns diese Arbeit abzunehmen.

Erforderlich ist nicht mehr und nicht weniger als ein neuer gesellschaftlicher Entwurf dafür, wie die Sorge für die notwendigen Belange des täglichen Lebens als gemeinsame Aufgabe aller Mitglieder dieser Gesellschaft in Zeiten der Globalisierung gestaltet werden kann. Es steht eine längst fällige Diskussion darüber an, welcher gesellschaftliche Stellenwert unserer alltäglichen haushaltspraktischen Versorgung beigemessen werden soll. Die häusliche Arbeit in Deutschland kann auf die Dauer politisch nicht mehr nur als Privatangelegenheit betrachtet werden, die »irgendjemand (bevorzugtes Geschlecht: weiblich)« schon »irgendwie« erledigt. Wer soll diese Aufgaben verrichten und zu welchen Konditionen? Wie soll die gesellschaftliche Anerkennung dafür aussehen? Wo und in welchem Rahmen könnte sie und sollte sie stattfinden? Hierfür gilt es in den nächsten Jahren eine neue politische Antwort zu finden, und das wird sicher keine leichte Aufgabe sein.

Aber meines Erachtens wird man daran kaum vorbeikommen. Denn eines ist ziemlich klar: Am »weiblichen Wesen« wird die private (Lebens-)Welt in Deutschland nicht mehr genesen. Junge Frauen in Deutschland sind heute ebenso gut ausgebildet wie Männer, wenn nicht besser. Sie werden ihren Anspruch auf gesellschaftliche und berufliche Teilhabe nicht mehr aufgeben und sich wieder an Heim und Herd zurückdrängen lassen, obwohl dies noch manchem Politiker gelegentlich als ideale Lösung für die derzeitige Arbeitsmarktkrise erscheint. Alles deutet darauf hin, dass Frauen eher auf eigentlich gewünschte eigene Familien verzichten, als sich wieder auf die ihre traditionellen Rollen festlegen zu lassen. Die Belange der Lebenswelt sind für das Wohlergehen der Menschen in einer Gesellschaft ähnlich zentral wie der Bereich der Öffentlichkeit und des Berufs. Außerdem steht bei der Alltagsarbeit, gerade für hilfsbedürftige alte Menschen oder für andere Gruppen, die zwingend Unterstützung brauchen, oft sehr viel mehr als nur die technische Seite der haushaltspraktischen Versorgung auf dem Spiel. Hier liegt bei uns derzeit vieles im Argen, und in diesem Bereich sind schon lange mehr gesellschaftliche Aufmerksamkeit und soziale Phantasie gefragt, damit auch die menschliche Seite der häuslichen Versorgung nicht übersehen wird.

Die entscheidende Herausforderung bei der Gestaltung der Alltagsarbeit wird darin bestehen, Strukturen für die Neugestaltung im 21. Jahrhundert zu entwerfen und umzusetzen, die für alle Menschen, die hier aufeinander treffen – ob für die Arbeitenden selbst oder für die Menschen, die auf diese Weise versorgt werden –, einigermaßen akzeptable Arbeits- und Lebensbedingungen ermöglichen.

In den häuslichen vier Wänden spielen sich derzeit ebenso wie im primären Arbeitsmarktsegment bemerkenswerte Umverteilungsprozesse von Arbeit und damit auch von Chancen der Lebensgestaltung ab. Die gegenwärtigen Probleme damit sind vor allem das Ergebnis eines historisch gewachsenen patriarchalen Webfehlers im strukturellen Zuschnitt unseres Wohlfahrtsstaates. In seiner Mischung aus familienfeindlicher Arbeits- und Bildungspolitik, einer Sozialpolitik, die immer noch in der privaten unentgeltlichen Dienstbereitschaft von Frauen ihre wichtigste Ressource sieht, und einer Ausländerpolitik, die vielen Migrantinnen keine anderen Erwerbschancen als die im privaten Haushalt ermöglicht, schafft er die Nachfragekulisse, in der sich häusliche Arbeit zwischen verschiedenen Gruppen von Frauen neu verteilt und in der Männer überwiegend außen vor bleiben.

In allen Ländern regeln mehr oder minder klar gezogene, für den einzelnen Menschen meist unsichtbare, deshalb aber nicht weniger wirkungsmächtige wohlfahrtsstaatliche Grenzziehungen die Verteilung der Arbeit zwischen Familien, Markt und Staat.[32] Dieses wohlfahrtsstaatliche Korsett, in das der Alltag eingebettet ist, ist im historischen Verlauf von Land zu Land verschieden gewachsen[33] und verändert sich. Derzeit wird in unserer Gesellschaft der Bereich der alltäglichen Daseinsfürsorge an den Rand gedrängt mitsamt der (bezahlten und unbezahlten) Menschen, die sie übernehmen. Aber solche Grenzen werden auch immer wieder neu verhandelt, wie die Geschichte der Haus- und Familienarbeit zeigt. Dabei spielen die Kräfte des Marktes eine Rolle, aber auch politische Bestrebungen, Ziele, Ängste und Befürchtungen und nicht zuletzt der konkrete Stand des Geschlechterarrangements. Heute ist hier viel in Bewegung – bisher unbezahlte Arbeit verwandelt sich zunehmend in »privat« verrichtete bezahlte Arbeit ausländischer Frauen.

---

32 Vgl. hierzu grundlegend Gosta Esping-Andersen, The Three Worlds of Welfare Capitalism, Princeton, N. J. 1990.
33 Vgl. etwa Birgit Pfau-Effinger, Analyse internationaler Differenzen in der Erwerbsbeteiligung von Frauen. Theoretischer Rahmen und empirische Ergebnisse, in: *Kölner Zeitschrift für Soziologie und Sozialpsychologie*, 48, 1996, S. 462–492.

Die Arbeit der Frauen aus aller Welt in den deutschen Haushalten, die ich zu beschreiben versucht habe, ist nicht einfach in dieser Form vom Himmel gefallen – sie war und ist an politische Voraussetzungen geknüpft. Damit könnte sie prinzipiell auch eine andere Gestalt annehmen, die es allerdings erst zu entwickeln und gesellschaftlich durchzusetzen gilt. Die Brisanz der neuen Dienstbotenfrage und die politische Chance, die sie zugleich enthält, liegt darin, dass sie über die Grenzen von Geschlecht und Nation hinausweist. Eine langfristig tragfähige Antwort darauf wird von Frauen und Männern mit und ohne Migrationshintergrund in transnationaler Perspektive zu formulieren sein.

Anhang

Auswahlbibliographie

Motti

Schütz, Alfred/Luckmann, Thomas, Strukturen der Lebenswelt, Band 1, Frankfurt am Main: Suhrkamp 1979, S. 25.

Ehrenreich, Barbara, Maid to Order, in: Ehrenreich, Barbara/Hochschild, Arlie Russell (Eds.), Global Woman. Nannies, Maids, and Sex Workers in the New Economy, New York: Metropolitan Books 2002, S. 103.

I. Einleitung

Die folgenden Titel stellen meine wichtigsten Veröffentlichungen der letzten Jahre dar. Darin sind einige der Überlegungen und Befunde, die ich in diesem Band nur andeuten konnte, ausführlicher entwickelt und genauer ausgeführt.

Gather, Claudia/Geissler, Birgit/Rerrich, Maria S. (Hg.), Weltmarkt Privathaushalt. Bezahlte Haushaltsarbeit im globalen Wandel, Münster: Westfälisches Dampfboot 2002.

Jurczyk, Karin/Rerrich, Maria S. (Hg.), Die Arbeit des Alltags. Beiträge zu einer Soziologie der alltäglichen Lebensführung, Freiburg: Lambertus 1993.

Projektgruppe Alltägliche Lebensführung (Hg.), Alltägliche Lebensführung. Arrangements zwischen Traditionalität und Modernisierung, Opladen: Leske + Budrich 1995.

Rerrich, Maria S., Zwischen Lohn und Liebe. Frauen und neue Ungleichheiten in den Geschlechterverhältnissen, Köln: Köppe 1999.

Rerrich, Maria S., Zusammenfügen, was auseinanderstrebt: zur familialen Lebensführung von Berufstätigen, in: Beck, Ulrich/Beck-Gernsheim, Elisabeth (Hg.): Riskante Freiheiten – zur Individualisierung von Lebensformen in der Moderne, Frankfurt am Main: Suhrkamp 1994 (Reprint in Kudera, Werner/Voß, Günter G. [Hg.], Weder Individuum noch Gesellschaft, Opladen: Leske + Budrich 1999).

Website mit ausführlichen Informationen und umfangreicher Literatur zur inzwischen weitverzweigten Forschung über alltägliche Lebensführung:
www.lebensfuehrung-im-wandel.de

Einige Anmerkungen über Schwerpunkte und Begriffe

In diesen Texten findet man einen guten ersten Zugang zur inzwischen »klassischen« wissenschaftlichen Diskussion über unbezahlte Hausarbeit sowie zum Stand der aktuellen Debatte über die bezahlte Arbeit im Haushalt.

Bock, Gisela/Duden, Barbara, Arbeit aus Liebe – Liebe als Arbeit, in: Beiträge zur 1. Sommeruniversität für Frauen, Berlin 1977.

Gather, Claudia/Geissler, Birgit/Rerrich, Maria S. (Hg.), Weltmarkt Privathaushalt. Bezahlte Haushaltsarbeit im globalen Wandel, Münster: Verlag Westfälisches Dampfboot 2002.

Gather, Claudia/Meißner, Hanna, Haushaltsarbeit als Erwerbsarbeit. Arbeitssoziologische Aspekte, in: Gather, Claudia/Geissler, Birgit/Rerrich, Maria S. (Hg.), Weltmarkt Privathaushalt. Bezahlte Haushaltsarbeit im globalen Wandel, Münster: Verlag Westfälisches Dampfboot 2002, S. 120–139.

Lutz, Helma, Geschlecht, Ethnizität, Profession. Die neue Dienstmädchenfrage im Zeitalter der Globalisierung. Interkulturelle Studien – iks-Querformat, Heft 1 der Arbeitsstelle Interkulturelle Pädagogik, Westfälische Wilhelmsuniversität Münster, Münster 2000.

Odierna, Simone, Die heimliche Rückkehr der Dienstmädchen. Bezahlte Arbeit im privaten Haushalt, Opladen: Leske + Budrich 2000.

Ostner, Ilona, Beruf und Hausarbeit. Die Arbeit der Frau in unserer Gesellschaft, Frankfurt am Main/New York: Campus 1978.

Thiessen, Barbara, Re-Formulierung des Privaten. Professionalisierung personenbezogener haushaltsnaher Dienstleistungsarbeit, Wiesbaden: VS Verlag für Sozialwissenschaften 2004.

II. Dienstmädchen gab es schon immer

Die folgenden Texte eignen sich für einen Einstieg in die Auseinandersetzung mit historischen Aspekten der häuslichen Beschäftigung in Deutschland sowie in einigen der Aufnahmeländer deutscher Dienstmädchen.

154

Friese, Marianne, Dienstbotin. Genese und Wandel eines Frauenberufs, in: Gather, Claudia/Geissler, Birgit/Rerrich, Maria S. (Hg.), Weltmarkt Privathaushalt. Bezahlte Haushaltsarbeit im globalen Wandel, Münster: Verlag Westfälisches Dampfboot 2002.

Hankes, Barbara, Heimat in Holland. Deutsche Dienstmädchen 1920–1950, Straelen/Niederrhein: Straelener Manuskripte 1998.

Mendel, Annekatrein, Zwangsarbeit im Kinderzimmer. Ostarbeiterinnen in deutschen Familien von 1939–1945. Gespräche mit Polinnen und Deutschen, Frankfurt am Main: dipa Verlag 1994.

Orth, Karin, »Nur weiblichen Besuch«. Dienstbotinnen in Berlin 1890–1914. Frankfurt am Main/New York: Campus 1993.

Schlegel-Matthies, Karin, »Im Haus und am Herd«: der Wandel des Hausfrauenbildes und der Hausarbeit 1880–1930, Stuttgart: Steiner 1995.

Schmidt, Dorothea, Eine Welt für sich? Dienstmädchen um 1900 und die widersprüchliche Modernisierung weiblicher Erwerbsarbeit, in: Gather, Claudia/Geissler, Birgit/Rerrich, Maria S. (Hg.), Weltmarkt Privathaushalt. Bezahlte Haushaltsarbeit im globalen Wandel, Münster: Verlag Westfälisches Dampfboot 2002.

Strasser, Susan, Never Done. A History of American Housework, New York: Pantheon Books 1982.

Walser, Karin, Dienstmädchen. Frauenarbeit und Weiblichkeitsbilder um 1900, Frankfurt am Main: Extrabuch 1985.

Wehner-Franco, Silke, Deutsche Dienstmädchen in Amerika 1850–1914, Münster/New York: Waxmann 1994.

Wierling, Dorothee, Mädchen für alles. Arbeitsalltag und Lebensgeschichte städtischer Dienstmädchen um die Jahrhundertwende, Berlin/Bonn: J. H. W. Dietz Nachf. 1987.

Winkler, Ulrike, »Hauswirtschaftliche Ostarbeiterinnen« – Zwangsarbeit in deutschen Haushalten, in: dies. (Hg.), NS-Zwangsarbeit und Entschädigungsdebatte, Köln: PapyRossa 2000.

III. Die aktuellen Rahmenbedingungen der bezahlten Haushaltsarbeit

Die hier aufgeführten Texte geben einen Einblick in einige der qualitativen Veränderungen der Rahmenbedingungen von Haushaltsarbeit.

Bien, Walter (Hg.), Eigeninteresse oder Solidarität. Beziehungen in modernen Mehrgenerationenfamilien, Opladen: Leske + Budrich 1994.

Flagge, Ingeborg (Hg.), Geschichte des Wohnens. Band 5: Von 1945 bis heute. Aufbau, Neubau, Umbau, Stuttgart: Deutsche Verlagsanstalt 1995.

Gräbe, Sylvia/Ott, Erich, »... man muss alles doppelt haben«. Wochenpendler mit Zweithaushalt am Arbeitsort, Münster: LIT-Verlag 2003.

Schneider, Norbert/Limmer, Ruth/Ruckdeschel, Kerstin, Mobil, flexibel, gebunden. Beruf und Familie in der modernen Gesellschaft, Frankfurt am Main: Campus 2002.

Dieses internationale Netzwerk zur aktuellen Mobilitätsforschung gibt einen guten Überblick über die derzeit laufenden Untersuchungen zum veränderten Umgang mit Raum:
www.cosmobilities.net

Website des Statistischen Bundesamtes mit ausführlichen statistischen Angaben u. a. über Haushalts- und Bevölkerungsentwicklung:
www.destatis.de

IV. Nach Deutschland von daheim

Delfinas Geschichte, DE 1997, Regie, Drehbuch und Produktion Annelie Runge. *Dieser Dokumentarfilm schildert den Weg einer philippinischen Haushaltsarbeiterin, die nach 21 Jahren in verschiedenen Ländern (darunter Deutschland) wieder in ihre Heimat zurückkehrt.*

V. Das Alltagsleben in Deutschland

Weitere Einblicke in das Alltagsleben osteuropäischer Haushaltshilfen findet man in zwei qualitativen Studien, die in Berlin beziehungsweise in Bremen durchgeführt wurden:

Cyrus, Norbert, Mobilität im Verborgenen. Plurilokale Mobilitätspraxen illegal beschäftigter polnischer Haushaltsarbeiterinnen in Berlin. Unveröffentlichtes Manuskript 2004.

Thiessen, Barbara, »Bei uns gabs so was nicht.« Arbeitserfahrungen osteuropäischer Migrantinnen in westdeutschen Privathaushalten, in: Dausien,

Bettina/Calloni, Marina/Friese, Marianne (Hg.), Migrationsgeschichten von Frauen. Beiträge und Perspektiven der Biografieforschung, Bremen: Universität Bremen 2000, S. 98–117.

RESPECT ist ein europäisches Netzwerk zur Unterstützung von Migrantinnen, die in privaten Haushalten arbeiten, initiiert von SOLIDAR (Brüssel) und Kalayaan (London). Mitglieder sind neben Interessenvertretungen und Organisationen auch selbstorganisierte Haushaltsarbeiterinnen, die sich mit den Arbeitsbedingungen von Migrantinnen in privaten Haushalten und in der Reinigungsindustrie unabhängig von ihrem Aufenthaltsstatus beschäftigen. Das deutsche RESPECT-Netzwerk ist im Februar 2000 von Beratungsstellen, Migrantinnen-Organisationen und Unterstützerinnen in Berlin gegründet worden.
www.respect-netz.de

Gesundheit und Krankheit

Auf dieser Website sind Einrichtungen aufgelistet, die medizinische Hilfe für Migrantinnen ohne Gesundheitsversorgung an verschiedenen Standorten in Deutschland anbieten:
www.aktivgegenabschiebung.de/links_medizin.html

»Werktag« und »Feiertag«, »Arbeit«, »Freizeit« und »Urlaub« im Leben der Haushaltshilfen

Einen ersten Zugang zur Diskussion über Prozesse der Entgrenzung von Arbeit, Öffentlichkeit und Privatheit findet man in:

Jurcyzk, Karin, Patriarchale Modernisierung. Entwicklungen geschlechtsspezifischer Arbeitsteilung im Zusammenhang mit der Entgrenzung von Öffentlichkeit und Privatheit, in: Sturm, Gabriele/Schachtner, Christina/Rausch, Renate/Maltry, Karola (Hg.), Zukunfts(t)räume. Geschlechterverhältnisse im Globalisierungsprozess, Königstein/Taunus: Ulrike Helmer Verlag 2001.

Voß, Günter G., Die Entgrenzung von Arbeit und Arbeitskraft. Eine subjektorientierte Interpretation des Wandels von Arbeit, in: Mitteilungen aus der Arbeitsmarkt- und Berufsforschung, 31. Jg., Heft 3/1998, S. 473–487.

Voß, Günter G./Pongratz, Hans, Der Arbeitskraftunternehmer. Eine neue Grundform der Ware Arbeitskraft?, in: Kölner Zeitschrift für Soziologie und Sozialpsychologie, 50. Jg., Heft 1/1998, S. 131–158.

VI. Erfahrungen mit den Arbeitgebern

In den folgenden Texten findet man empirische Ergebnisse v. a. aus dem anglo-amerikanischen Raum sowie unterschiedlich akzentuierte theoretische Einschätzungen über die Beziehung der häuslichen Beschäftigten zu ihren Arbeitgeberinnen.

Anderson, Bridget, Doing the Dirty Work. The Global Politics of Domestic Labour, London/New York: Zed Books 2000.

Gather, Claudia, »Aus meiner Familie weiß niemand, dass ich putzen gehe.« Informelle Erwerbsarbeit in Privathaushalten, Prokla 129, Vol. 32, No. 1 2003.

Gather, Claudia, Paid and Unpaid Housework and Social Inequality in Germany, in: Atlantis: A Women's Studies Journal. Special Issue Never Done: The Challenge of Unpaid Work, Vol. 28, 2/2004, S. 61–71.

Gregson, Nicky/Lowe, Michelle, Servicing the Middle Classes. Class, Gender and Waged Domestic Labour in Contemporary Britain, London: Routledge 1994.

Rollins, Joan, Between Women: Domestics and their Employers, Philadelphia: Temple University Press 1985.

Romero, Mary, Maid in the USA, New York: Routledge 1992.

VII. In der Schattenwelt der Illegalität

Die empirische Forschung über »illegale« Migration und die Lebenssituation von Menschen ohne gültige Aufenthaltspapiere hat in Deutschland in größerem Umfang erst vor einigen Jahren begonnen. Die folgenden Texte sowie die Website des Pioniers der einschlägigen Forschung in Deutschland Jörg Alt bieten hierzu einen ersten Einblick und dokumentieren den aktuellen Stand der wissenschaftlichen Diskussion. Für die internationale Orientierung liefert die Website von Picum einen guten ersten Einstieg.

Alt, Jörg, Illegal in Deutschland. Forschungsprojekt zur Situation »illegaler« Migranten in Leipzig, herausgegeben im Auftrag des Jesuit Refugee Service Europe, Karlsruhe: von Locpar 1999.

Alt, Jörg, Leben in der Schattenwelt – Problemkomplex illegale Migration. Neue Erkenntnisse zur Lebenssituation illegaler Migranten in München, Leipzig und anderen Städten, Karlsruhe: von Loeper 2003a.

Alt, Jörg, Leben in der Schattenwelt – Problemkomplex illegale Migration. Ergebniszusammenfassung, Karlsruhe: von Loeper 2003b.

Alt, Jörg/Fodor, Rolf, Rechtlos? Menschen ohne Papiere. Anregungen für eine Positionsbestimmung, Karlsruhe: von Loeper 2001.

Anderson, Philip, »Dass sie uns nicht vergessen ...« Menschen in der Illegalität in München. Eine empirische Studie im Auftrag der Landeshauptstadt München, Sozialreferat, München 2003.

Bude, Heinz, Das Phänomen der Exklusion. Der Widerstreit zwischen gesellschaftlicher Erfahrung und soziologischer Rekonstruktion, in: Mittelweg 36, 13. Jg., Heft 4/2004, S. 3–15.

Cyrus, Norbert, »... als alleinstehende Mutter habe ich viel geschafft.« Lebensführung und Selbstverortung einer illegalen polnischen Arbeitsmigrantin, in: Roth, Klaus (Hg.), Vom Wandergesellen zum »Green Card«-Spezialisten – Interkulturelle Aspekte der Arbeitsmigration im östlichen Mitteleuropa, Münster: Waxmann 2003.

Rademacher Claudia/Wiechens, Peter (Hg.), Geschlecht – Ethnizität – Klasse. Zur sozialen Konstruktion von Hierarchie und Differenz, Opladen: Leske + Budrich 2001.

Die Website enthält zahlreiche weiterführende Informationen und einschlägige Links:
www.joerg-alt.de

Geboten wird hier ein Überblick über Organisationen und Initiativen, die sich – nicht nur in Deutschland – für Menschen ohne Papiere einsetzen.
www.picum.org.

VIII. Weltweite Verknüpfungen von Alltagsabhängigkeiten zwischen Frauen

Zur ersten Orientierung über die Bemühungen, die Arbeit in privaten Haushalten als professionelles Angebot im Rahmen der sogenannten Dienstleistungsagenturen und Dienstleistungspools zu organisieren:

Bittner, Susanne/Weinkopf, Claudia, Dienstleistungspools NRW: Haushaltshilfe als professionelle Dienstleistung – Erfahrungen und Perspektiven; Abschlussbericht der wissenschaftlichen Begleitung zu den Modellprojekten »Dienstleistungspools NRW«, Stand: 31. Dezember 2000, Düsseldorf: Ministerium für Frauen, Jugend, Familie und Gesundheit des Landes Nordrhein-Westfalen 2002.

Weinkopf, Claudia, Förderung haushaltsbezogener Dienstleistungen: sinnvoll, aber kurzfristige Beschäftigungswirkungen nicht überschätzen, in: Vierteljahreshefte für Wirtschaftsforschung 72, 2003, S. 133–147.

Zur Alltagsvergessenheit der Männer

In diesen Texten finden sich genauere empirische Angaben über die geschlechtsspezifische Verteilung von Arbeit in Haushalt und Familie, auch im Zeitablauf und im internationalen Vergleich:

Klammer, Ute/Klenner, Christine/Ochs, Christiane/Radke, Petra/Ziegler, Astrid, WSI-FrauenDatenReport, Berlin: edition sigma 2000.

Künzler, Jan, Familiale Arbeitsteilung. Die Beteiligung von Männern an der Hausarbeit, Bielefeld: Kleine Verlag 1994.

Künzler, Jan, Geschlechtsspezifische Arbeitsteilung. Die Beteiligung von Männern im Haushalt im internationalen Vergleich, in: Zeitschrift für Frauenforschung, 13. Jg., Heft 1 & 2/1995, S. 115–132.

Künzler, Jan/Walter, Wolfgang/Reichart, Elisabeth/Pfister, Gerd, Gender division of labour in unified Germany, Tilburg: Tilburg University Press 2001.

Rohmann, Elke, Gerechtigkeitserleben und Erwartungserfüllung in Partnerschaften, Frankfurt am Main: Lang 2000.

Schulz, Florian/Blossfeld, Hans-Peter, Wie verändert sich die häusliche Arbeitsteilung im Eheverlauf? Eine Längsschnittstudie der ersten 14 Ehejahre in Westdeutschland, in: Kölner Zeitschrift für Soziologie und Sozialpsychologie, 58. Jg. Heft 1/2006, S. 23–49.

Website mit zahlreichen Informationen zu Themen der Kindererziehung, Partnerschaft und Familienbildung für Eltern, Erzieher, Lehrer und Wissenschaftler, erstellt vom Staatsinstitut für Frühpädagogik, München:
www.familienhandbuch.de

Die Folgen in den Heimatländern der Haushaltshilfen

Die Forschung über die Auswirkung der migrierenden Haushaltsarbeiterinnen auf die zu Hause verbleibenden Angehörigen, insbesondere auf ihre Kinder, hat erst vor kurzer Zeit begonnen. Einige erste Einblicke dazu finden sich in den folgenden Texten:

Alt, Jörg, Transnationale Räume illegaler Migration, in: Migration und Soziale Arbeit, 26. Jg, Heft 2, Juli 2004, S. 98–107.

Hochschild, Arlie Russell, Globale Betreuungsketten und emotionaler Mehrwert, in: Hutton, Will/Giddens, Anthony (Hg.): Die Zukunft des globalen Kapitalismus, Frankfurt am Main: Campus 2001.

Parrenas, Rhacel Salazar, The Care Crisis in the Philippines: Children and Transnational Families in the New Global Economy, in: Ehrenreich, Barbara/Hochschild, Arlie Russell (Eds.), Global Woman. Nannies, Maids, and Sex Workers in the New Economy, New York: Metropolitan Books 2002.

Parrenas, Rhacel Salazar, Servants of Globalization. Women, Migration and Domestic Work, Stanford/California: Stanford University Press 2001.

When Mother Comes Home for Christmas, 1995, Regie, Drehbuch und Produktion: Nilita Vachani.

Der deutsch-griechisch-indische Dokumentarfilm beschreibt die Reise einer in Athen arbeitenden Haushaltshilfe aus Sri Lanka zur Familie nach achtjähriger Abwesenheit.

Ein Blick über Deutschland hinaus

Anderson, Bridget, Doing the Dirty Work. The Global Politics of Domestic Labour, London/New York: Zed Books 2000.

Anthias, Floya/Lazaridis, Gabrielle (Eds.), Gender and Migration in Southern Europe. Women on the Move, Oxford/New York: Berg 2000.

Ehrenreich, Barbara/Hochschild, Arlie Russell (Eds.), Global Woman. Nannies, Maids, and Sex Workers in the New Economy, New York: Metropolitan Books 2002.

Henshall-Momsen, Janet (Ed.), Gender, Migration and Domestic Service, London/New York: Routledge 1999.

Zu einzelnen ethnischen Gruppen und zur Situation an einzelnen Arbeitsorten:

Andall, Jacqueline, Gender, Migration and Domestic Service: The Politics of Black Women in Italy, Aldershot, Great Britain: Ashgate 2000.

Borualogo, Femina Sagita, Indonesian Domestic Workers in Japan, in: Ochanomizu University: Migrant Domestic/Care Workers and the Reconfiguration of Gender in Asia. Proceedings, International Workshop for Junior Scholars, January 24–25 2004, F-Gens Publication Series 1, S. 88–96.

Campani, Giovanna, Labour Markets and Family Networks: Filipino Women in Italy, in: Rudolph, Hedwig/Morokvasic, Mirjana (Hg.), Bridging States and Markets. International Migration in the Early 1990s, Berlin: edition sigma 1993.

Chang, Grace, Disposable Domestics. Immigrant Women Workers in the Global Economy, Cambridge: South End Press 2000.

Chaney, Elsa/Castro, Mary Garcia (Eds.), Muchachas No More: Household Workers in Latin America and the Caribbean, Philadelphia: Temple University Press: PA 1989.

Chin, Christine B. N., In Service and Servitude. Foreign Female Domestic Workers and the Malaysian »Modernity« Project, New York: Columbia University Press 1998.

Colen, Shellee, With Respect and Feeling: Voices of West Indian Childcare and Domestic Workers in New York, in: Cole, Johnetta Betsch (Ed.), All American Women: Lines that Divide, Ties that Bind, New York: Free Press 1986.

Constable, Nicole, Maid to Order in Hong Kong. Stories of Filipina Workers, Ithaca/London: Cornell University Press 1997.

Cyrus, Norbert, »… als alleinstehende Mutter habe ich viel geschafft.« Lebensführung und Selbstverortung einer illegalen polnischen Arbeitsmigrantin, in: Roth, Klaus (Hg.), Vom Wandergesellen zum »Green Card«-Spezialisten. Interkulturelle Aspekte der Arbeitsmigration im östlichen Mitteleuropa, Münchener Beiträge zur Interkulturellen Kommunikation 14, Münster: Waxmann 2003, S. 227–263.

Enloe, Cynthia, Bananas, Beaches and Bases, London: Pandora 1989.

Friese, Marianne, »Die osteuropäische Akademikerin, die im westeuropäischen Haushalt dient.« Neue soziale Ungleichheiten und Arbeitsteilungen zwischen Frauen, in: Modelmog, Ilse/Gräßel, Ulrike (Hg.), Konkurrenz & Kooperation. Frauen im Zwiespalt?, Münster: LIT-Verlag 1995.

Gamburd, Michele Ruth, The Kitchen Spoon's Handle: Transnationalism and Sri Lanka's Migrant Housemaids, Ithaca: Cornell University Press 2000.

Hess, Sabine/Lenz, Ramona, Das Comeback der Dienstmädchen. Zwei ethnographische Fallstudien in Deutschland und Zypern über die neuen Arbeitgeberinnen im Privathaushalt, in: Hess, Sabine/Lenz, Ramona (Hg.), Geschlecht und Globalisierung. Ein kulturwissenschaftlicher Streifzug durch transnationale Räume, Königstein: Ulrike Helmer 2001.

Hillmann, Felicitas, Zuwanderungskontrolle »all'italiana«: peruanische Einwanderinnen in Mailand, in: Eichenhofer, Eberhard (Hg.), Migration und Illegalität. Schriften des Instituts für Migrationsforschung und Interkulturelle Studien (IMIS), Bd. 7, Osnabrück: Universitätsverlag Rasch 1999.

Hondagneu-Sotelo, Pierette, Doméstica. Immigrant Workers Cleaning and Caring in the Shadows of Affluence, Berkeley/Los Angeles/London: University of California Press 2001.

Le Roux, Tessa, »Home is Where the Children Are«. A qualitative study of migratory domestic workers in Mmotla village, South Africa, in: Henshall-Momsen, Janet (Ed.), Gender, Migration and Domestic Service, London/New York: Routledge 1999.

Lutz, Helma, Geschlecht, Ethnizität, Profession. Die neue Dienstmädchenfrage im Zeitalter der Globalisierung. Interkulturelle Studien – iks-Querformat Heft 1 der Arbeitsstelle Interkulturelle Pädagogik, Westfälische Wilhelmsuniversität Münster, Münster 2000.

Macklin, Audrey, On the Inside Looking In: Foreign Domestic Workers in Canada, in: Giles, Wenona/Arat-Koc, Sedef (Hg.), Maid in the Market. Women's Paid Domestic Labour, Halifax: Fernwood 1994.

Netzwerk Solidarität mit illegalisierten Frauen, Illegal unentbehrlich. Hausangestellte ohne gültige Aufenthaltsbewilligung in der Region Zürich, Zürich 2002.

Niesner, Elvira u.a., Ein Traum vom besseren Leben. Migrantinnenerfahrungen, soziale Unterstützung und neue Strategien gegen Frauenhandel, Opladen: Leske + Budrich 1997.

Parrenas, Rhacel Salazar, Servants of Globalization. Women, Migration and Domestic Work, Stanford: Stanford University Press 2001.

Rerrich, Maria S., Auf dem Weg zu einer neuen internationalen Arbeitsteilung der Frauen in Europa? Beharrungs- und Veränderungstendenzen in der Verteilung von Reproduktionsarbeit, in: Schäfers, Bernhard (Hg.), Lebensverhältnisse und soziale Konflikte im neuen Europa. Verhandlungen des 26. Deutschen Soziologentags in Düsseldorf 1992, Frankfurt am Main/ New York: Campus 1993.

Rerrich, Maria S., Modernizing the Patriarchal Family in West Germany: Some Findings on the Redistribution of Family Work Between Women, in: European Journal of Women's Studies, 3, 1996, H. 1, S. 27–37.

Romero, Mary/Hondagneu-Sotelo, Pierrette/Ortiz, Vilma (Eds.), Challenging Fronteras: Structuring Latina and Latino Lives in the US. An Anthology of Readings, New York/London: Routledge 1997.

Schäfer, Elke/Schultz, Susanne, Putzen, was sonst? Latinas in Berlin: Bezahlte Hausarbeit als Arbeitsmarkt für Migrantinnen, in: Gabbert, Karin u.a. (Hg.): Migrationen. Lateinamerika – Analysen und Berichte 23, Bad Honnef: Horlemann 1999.

Soerensen, Ninna Nyberg, Mobile Lebensführung zwischen der Dominikanischen Republik, New York und Madrid, in: Gabbert, Karin u.a. (Hg.), Migrationen. Lateinamerika – Analysen und Berichte 23, Bad Honnef: Horlemann 1999.

Tenegra, Brenda, Resurecion Tiu, Towards a Reconceptualization of Remittance: The Case of Filipina Domestic Workers in Tokyo, in: Ochanomizu University: Migrant Domestic/Care Workers and the Reconfiguration of Gender in Asia. Proceedings, International Workshop for Junior Scholars, January 24–25 2004, F-Gens Publication Series 1, S. 97–107.

Thiessen, Barbara, »Bei uns gabs so was nicht.« Arbeitserfahrungen osteuropäischer Migrantinnen in westdeutschen Privathaushalten, in: Dausiena, Bettina/Calloni, Marina/Friese, Marianne (Hg.): Migrationsgeschichten von Frauen. Beiträge und Perspektiven der Biografieforschung, Bremen: Universität Bremen 2000, S. 98–117.

Wrigley, Julia, Other People's Children. An Intimate Account of the Dilemmas Facing Middle-Class Parents and the Women They Hire to Raise Their Children, New York: Basic Books 1995.

Yeoh, Brenda S. A./Huang, Shirlena/Gonzalez III, Joaquin, Migrant Female Domestic Workers: Debating the Economic, Social and Political Impacts in Singapore, in: International Migration Review, 33, 1999, H. 1, S. 114–136.

IX. Und ewig so weiter?

Wichtige Überlegungen hierzu finden sich in den Veröffentlichungen, die aus einem Forschungsprojekt zum Thema »Gender, Ethnizität, Identität. Die neue Dienstmädchenfrage im Zeitalter der Globalisierung« hervorgegangen sind, das an der Arbeitsstelle für Interkulturelle Pädagogik der Westfälischen Wilhelmsuniversität Münster angesiedelt ist.

Lutz, Helma, In fremden Diensten. Die neue Dienstmädchenfrage in Europa als Herausforderung für die Migrations- und Geschlechterforschung, in: Gottschall, Karin/Pfau-Effinger, Birgit (Hg.): Zukunft der Arbeit und Geschlecht, Opladen: Leske + Budrich 2002, 161–182.

Lutz, Helma, Leben in der Twilightzone. Migration, Transnationalität und Geschlecht im Privathaushalt, in: Allmendinger, Jutta (Hg.): Entstaatlichung und Soziale Sicherheit. Verhandlungen des 31. Kongresses der Deutschen Gesellschaft für Soziologie in Leipzig 2002, Opladen: Leske + Budrich 2003, S. 254–267.

Auf dieser Website finden sich viele weitere Informationen und Literaturhinweise zu dem von der Volkswagenstiftung finanzierten Forschungsprojekt: www.uni-muenster.de/FGEI/Welcome-d/Projekt/projekt.html.

Das »dirty little secret« des deutschen Wohlfahrtsstaates

Brückner, Margrit, Liebe und Arbeit – Zur (Neu)ordnung der Geschlechterverhältnisse in europäischen Wohlfahrtsregimen, in: Bundeskongress Soziale Arbeit 2001, Gestaltung des Sozialen – eine Herausforderung für Europa, Opladen: Leske + Budrich 2001.

Haushaltshilfen in der gesetzlichen Unfallversicherung

Beschäftigte in Privathaushalten unterliegen grundsätzlich kraft Gesetz dem Schutz der gesetzlichen Unfallversicherung. Der Versicherungsschutz besteht auch unabhängig von der Anmeldung durch den Arbeitgeberhaushalt, ist also lediglich vom Status einer oder eines Beschäftigten abhängig. Der Gesetzgeber hat allerdings bestimmt, dass für alle Unternehmer die Verpflichtung besteht, die Beschäftigung von Arbeitnehmern zu melden. Gegenüber dem Unfallversicherungsträger ist keine namentliche Nennung der Arbeitskraft erforderlich.

Vom Grundsatz her ist jede Beschäftigung sozialversicherungspflichtig. Für geringfügig Beschäftigte wurden jedoch Ausnahmen beschlossen, die zwar zu einer Beitragsfreiheit des Beschäftigten führen, aber keine Befreiung des Arbeitgebers von der Beitragspflicht bewirken. Ab 1. Januar 2006 hat der Gesetzgeber sichergestellt, dass bei Teilnahme am Haushaltsscheckverfahren (vereinfachte Meldung geringfügig Beschäftigter) die Meldepflicht gegenüber der Unfallversicherung gleichzeitig erfüllt werden kann und ein bundeseinheitlich festgesetzter Beitrag erhoben wird. Anders gesagt, wo der Arbeitsmarktzugang offiziell gesichert ist und die Putzfrau im Rahmen eines Minijobs beschäftigt werden kann, erledigt die Minijob-Zentrale die Anmeldung zur Unfallversicherung. Von der Minijob-Zentrale werden die Beiträge zur Unfallversicherung anschließend an den zuständigen kommunalen Unfallversicherungsträger weitergeleitet. Diese neue Regelung gilt für alle geringfügig entlohnten Beschäftigten im Privathaushalt mit einem monatlichen Entgelt bis 400 Euro. Die An- und Abmeldung der Minijobber erfolgt mit dem Haushaltsscheck, der unter www.minijob-zentrale.de heruntergeladen werden kann. Für die Leistungen der gesetzlichen Unfallversicherung ist der kommunale Unfallversicherungsträger zuständig. Haushaltshilfen mit einem monatlichen Arbeitsentgelt über 400 Euro müssen wie bisher direkt beim zuständigen Unfallversicherungsträger gemeldet werden. Dabei genügt eine formlose Anmeldung. Die Adressen der zuständigen Unfallkassen und Gemeindeunfallversicherungsverbände und weitere Informationen gibt es unter www.unfallkassen.de.

Danksagung

Wesentliche Grundlagen dieses Buches wurden im Rahmen von zwei Gastaufenthalten am Hamburger Institut für Sozialforschung im Winter 2001/02 und im Sommer 2004 erarbeitet. Das Hamburger Institut war ein idealer Ort für die Arbeit an einem solchen Projekt, und ich danke allen Kolleginnen und Kollegen dort, nicht nur für die freundliche Aufnahme und die zahlreichen inhaltlichen Anregungen, sondern auch für die vielen »Putzfrauen-Gespräche« beim Mittagessen und für ihre vielfältige Hilfe bei der Orientierung und bei der Kontaktaufnahme mit Haushaltshilfen in Hamburg.

Das Thema dieses Buches finde ich nicht nur persönlich interessant, sondern auch für die Weiterentwicklung zentraler theoretischer Fragen der soziologischen Forschung spannend. Denn am Beispiel der ausländischen Putzfrauen kann man das Zusammenspielen der klassischen Trias der Ungleichheitsforschung »class, race, gender« so gut studieren wie an kaum einer anderen gesellschaftlichen Gruppe. Besonders danken möchte ich dem Leiter des Arbeitsbereichs »Nation und Gesellschaft« am Hamburger Institut, Dr. Ulrich Bielefeld, der diesen Zusammenhang von Anfang an verstanden und mich nach Hamburg eingeladen hat, obwohl die Beschäftigung mit Putzfrauen bisher nicht gerade an oberster Stelle der Prestigehierarchie sozialwissenschaftlicher Fragestellungen in Deutschland rangieren dürfte.

Danken möchte ich auch allen Expertinnen und Experten in den einschlägigen Arbeitszusammenhängen in den Kommunen, Gewerkschaften, Beratungsstellen und Einrichtungen der Sozialen Arbeit, die sich die Zeit genommen haben, mich an ihrem Wissen über die mich interessierende Personengruppe teilhaben zu lassen. Ich hoffe, es ist mir gelungen, das, was sie mitgeteilt haben, weiterzugeben.

Seit fast drei Jahrzehnten arbeite ich immer wieder empirisch. Aber nur selten habe ich eine derart gemischte und interessante Untersuchungsgruppe kennen gelernt wie bei der Arbeit an diesem Projekt. Ich danke allen Putzfrauen, mit denen ich gesprochen habe und die mir einen Einblick in ihr Leben und in ihre Biographie gegeben haben, sehr herzlich für ihre Zeit, ihre Offenheit und ihr Vertrauen. Ebenso danke ich den Arbeitgeberinnen und Arbeitgebern, die mir Einblicke in die Probleme ihrer alltäglichen Lebensführung ermöglicht haben.

Gespräche über Haushaltshilfen führe ich nicht erst, seitdem ich wissenschaftlich über dieses Thema arbeite. Sie haben meine Kindheit begleitet. Hausangestellte waren im großbürgerlichen Milieu Ungarns, aus dem meine Eltern stammen, bis Mitte des 20. Jahrhunderts selbstverständlich, und so hörte ich zu Hause immer wieder Anekdoten über sie. Besonders viele Erzählungen handelten von den Kindermädchen, die geholfen haben, meine Mutter in Budapest großzuziehen, und ihr fließend Deutsch, Englisch und Französisch beigebracht haben. Diese jungen Frauen aus Österreich und England und Frankreich wurden für mich durch die Geschichten meiner Mutter überaus lebendig. Sie sprach immer wieder von der lustigen Fini (die nie Fräulein Josefine genannt werden wollte, wie es sich eigentlich gehört hätte), von der vornehm-zurückhaltenden Miss Trix und von der strengen Mademoiselle Yvonne als jeweils unverwechselbare Menschen, die mit ihrer eigenen Kindheit und damit indirekt auch mit meinem Leben eng verflochten waren. Diesen Erzählungen verdanke ich, dass ich sehr früh sensibilisiert wurde für die Frauen, die im privaten Haushalt arbeiten. Meine Mutter, Maria M. Rerrich, hat die Fertigstellung dieses Bandes leider nicht mehr erlebt. Ihr ist dieses Buch gewidmet.